改訂3版　補償コンサルタント登録申請の手引き
【追補】

（内容現在平成28年2月1日）

※「補償コンサルタント登録規程」（昭和59年9月21日建設省告示第1341号）が、平成28年2月1日国土交通省告示第274号で改正され、「補償コンサルタント登録規程の施行及び運用について」（平成28年2月1日国土用第49号）が発出され、平成28年2月1日から適用されることとなりましたので追補を作成いたしました。

　本文の頁を、追補の該当頁に読み替えてください。ただし、本文184頁は増えます。

　改正がありました様式の枠外の説明文は変更ありません。

大成出版社

追補①

(1) 補償コンサルタント登録申請書

別記様式第1号（第4条関係） （用紙A4）

補償コンサルタント登録申請書

補償コンサルタント登録規程第4条第1項の規程により、補償コンサルタントの登録を申請します。

平成　　年　　月　　日

申請者　　　　　　　　　　　印

　　　　殿

（ふりがな）商号又は名称		申請の区分	新規の登録・登録の更新	
法人番号		現に受けている登録番号及び登録年月日	補 －	
資本金額（出資総額を含む）	千円		平成　年　月　日	

役員（業務を執行する社員、取締役、執行役又はこれらに準ずる者）の氏名及び役職名				他に営業を行っている場合は、その営業の種類
（ふりがな）氏　名	役職名	（ふりがな）氏　名	役職名	
				役員の他企業役員との兼務状況

営業所の名称及び所在地	別表のとおり	登録を受けようとする登録部門及び当該登録部門に係る補償業務の管理をつかさどる専任の者	別表のとおり
※登録番号	－	※登録年月日	平成　年　月　日

電話番号	（　　）　　番
取扱い責任者所属氏名	

記載要領
1 ※印のある欄は、記載しないこと。
2 「新規の登録・登録の更新」の欄は、不要のものを消すこと。
3 「法人番号(13桁)」及び「資本金額」の欄は、法人である場合に記載すること。
4 「役員の氏名及び役職名」の欄は、個人の場合は、本人及び支配人について記載すること。
5 「役員の他企業役員との兼務状況」の欄は、当該役員が他企業の役員を兼務している場合に、その企業名及び役職名を記載すること。

追補②

(1) 補償コンサルタント登録申請書

別記様式第1号（第4条関係） （用紙A4）

補償コンサルタント登録申請書

補償コンサルタント登録規程第4条第1項の規程により、補償コンサルタントの登録を申請します。

平成　　年　　月　　日

申請者　　　　　　　　　印

　　　　殿

（ふりがな）商号又は名称		申請の区分	新規の登録・登録の更新
法人番号		現に受けている登録番号及び登録年月日	補 －　　平成　　年　　月　　日
資本金額（出資総額を含む）	千円		

役員（業務を執行する社員、取締役、執行役又はこれらに準ずる者）の氏名及び役職名

（ふりがな）氏　名	役職名	（ふりがな）氏　名	役職名

他に営業を行っている場合は、その営業の種類

役員の他企業役員との兼務状況

営業所の名称及び所在地	別表のとおり	登録を受けようとする登録部門及び当該登録部門に係る補償業務の管理をつかさどる専任の者	別表のとおり
※登録番号	－	※登録年月日	平成　　年　　月　　日

電話番号　（　　）　　番
取扱い責任者 所属氏名

記載要領
1　※印のある欄は、記載しないこと。
2　「新規の登録・登録の更新」の欄は、不要のものを消すこと。
3　「法人番号(13桁)」及び「資本金額」の欄は、法人である場合に記載すること。
4　「役員の氏名及び役職名」の欄は、個人の場合は、本人及び支配人について記載すること。
5　「役員の他企業役員との兼務状況」の欄は、当該役員が他企業の役員を兼務している場合に、その企業名及び役職名を記載すること。

追補③

(1) 補償コンサルタント登録追加申請書

別記様式第18号（第9条関係） （用紙A4）

補償コンサルタント登録追加申請書

補償コンサルタント登録規程第9条第1項の規定により、登録部門について登録の追加を申請します。

平成　　年　　月　　日

申請者
　　　　殿　　　　　　　　　　　　　　　　　　　印

商号又は名称		登録番号	補　－
法人番号		登録年月日	平成　年　月　日

登録の追加を受けようとする登録部門	補償業務管理者の氏名

※登録部門の追加の年月日　平成　　年　　月　　日

電話番号	（　　）　　番
取扱い責任者所属氏名	

記載要領
1. ※印のある欄は、記載しないこと。
2. 「法人番号（13桁）」の欄は、法人である場合に記載すること。
3. 「補償業務管理者の氏名」の欄は、登録の追加を受けようとする登録部門に係る補償業務の管理をつかさどる専任の者で、補償コンサルタント登録規程第3条第1号イ又はロに該当するもの（総合補償部門の登録を受けようとする場合においては、同条第1号ただし書きに該当する者）の氏名を記載すること。

(1) 商号又は名称、営業所の名称又は所在地、資本金額の変更の場合

① 変更届出書

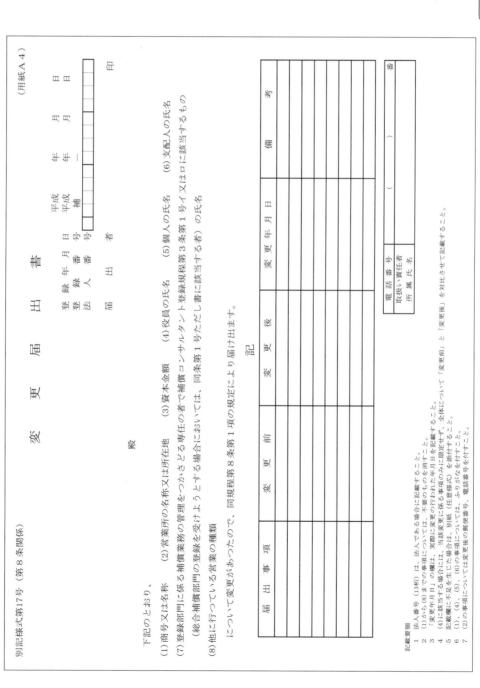

② 登記事項証明書

追補⑤

(2) 役員、支配人の氏名の変更の場合

① 変更届出書

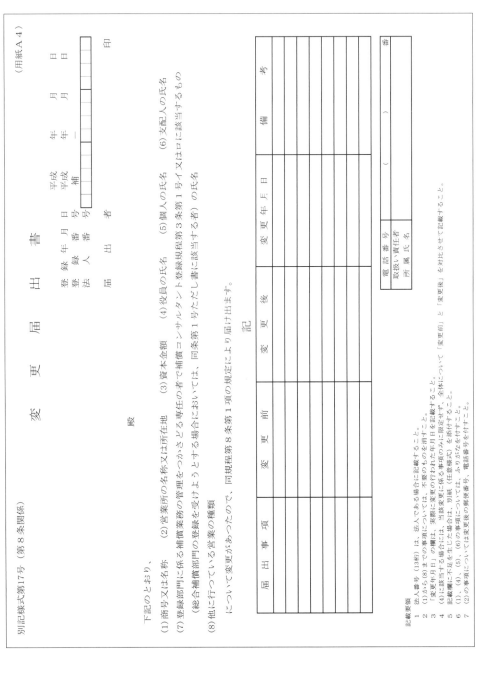

4．変更等の届出 136

(3) 個人の氏名・他に行っている営業の種類の変更の場合

① 変更届出書

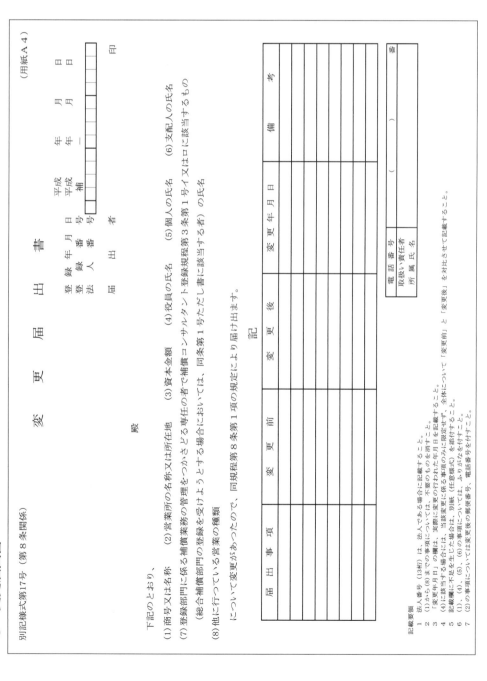

(4) 登録部門に係る補償業務の管理をつかさどる専任の者で補償コンサルタント登録規程第3条第1号イ又はロに該当するもの（総合補償部門の登録を受けようとする場合においては、第3条第1号ただし書に該当する者）の氏名の変更の場合

① 変更届出書

別記様式第17号（第8条関係）

(用紙Ａ４)

変更届出書

平成　年　月　日

登録年月日　平成　年　月　日
登録番号　補　第　　　号
法人番号　―

届出者　　　　　　　　　　印

　　　　　　　殿

下記のとおり、
(1) 商号又は名称　(2) 営業所の名称又は所在地　(3) 資本金額　(4) 役員の氏名　(5) 個人の氏名　(6) 支配人の氏名
(7) 登録部門に係る補償業務の管理をつかさどる専任の者で補償コンサルタント登録規程第3条第1号イ又はロに該当するもの（総合補償部門の登録を受けようとする場合においては、同条第1号ただし書に該当する者）の氏名
(8) 他に行っている営業の種類

について変更があったので、同規程第8条第1項の規定により届け出ます。

記

届出事項	変更前	変更後	変更年月日	備考

電話番号	（　　）　　―
取扱い責任者氏名	
所属氏名	

記載要領
1　法人番号（13桁）は、法人である場合に記載すること。
2　(1)から(8)までの事項については、不要のものの全を消すこと。
3　「変更年月日」の欄は、実際に変更の行われた年月日を記載すること。
4　(4)に該当する場合には、当該変更に係る事項のみに限定せず、全体について「変更前」と「変更後」全体を対比させて記載すること。
5　記載欄に不足を生じた場合は、別紙（任意様式）を添付すること。
6　(1)、(4)、(5)、(6)の事項については、ふりがなを付すこと。
7　(2)の事項については変更後の郵便番号、電話番号を付すこと。

(5) 届出書（登録要件を欠くに至った時の届出）

別記様式第3号　　　　　　　　　　　　　　　　　　　　　　　　　（用紙A4）

届　出　書

平成　　年　　月　　日

　　　　　　　殿

申請者　　　　　　　　　㊞

補償コンサルタント登録規程第8条第3項の規定により下記のとおり届け出ます。

記

1. 登録を受けていた補償コンサルタントの商号又は名称

2. 法人番号　　☐☐☐☐☐☐☐☐☐☐☐☐☐

3. 登録番号　　補　第　　　号

4. 登録を受けていた登録部門

5. 届出の理由

追補⑨

(1) 補償コンサルタント現況報告書

別記様式第16号（第7条関係）

（用紙Ａ４）

補償コンサルタント現況報告書

補償コンサルタント登録規程第7条第1項の規定により、次のとおり報告します。

平成　年　月　日

　　　　　殿

報告者　　平成　年　月　日　印

登録番号	—	登録年月日	平成　年　月　日	当初登録年月日	年　月　日
（ふりがな）商号又は名称				資本金額（出資総額）	千円
法人番号	□□□□□□□□□□□□□			創業年月日	年　月　日

	名称	営業所
	（主たる営業所）	
	（その他の営業所）	所在地（郵便番号）　　　　　　　　（電話番号）

役員（業務を執行する社員、取締役、執行役又はこれらに準ずる者）の氏名及び役職名	役職名	
（ふりがな）氏名		

役員の他企業役員との兼務状況	
他に行っている営業の種類	

電話番号	（　　）　　　番
取扱い責任者	
所属氏名	

記載要領
1. 「法人番号（13桁）」及び「資本金額」の欄は、法人である場合に記載すること。
2. 「役員の氏名及び役職名」の欄は、個人の場合は、本人及び支配人について記載すること。
3. 「営業所」の欄は、本店又は常時補償業務に関する契約を締結する支店若しくは事務所を記載すること。
4. 「役員の他企業役員との兼務状況」の欄は、当該役員が他企業の役員を兼務している場合に、その企業名及び役職名を記載すること。

届出書（廃業等の届出）

別記様式第4号　　　　　　　　　　　　　　　　　　　　　　　　　　（用紙Ａ４）

届　出　書

　　　　　　　　　　　　　　　　　　　　　平成　　　年　　　月　　　日

　　　　　　　殿

　　　　　　　　　　　申請者　　　　　　　　　　　㊞

補償コンサルタント登録規程第10条第　　号の規定により下記のとおり届け出ます。

記

1. 登録を受けていた補償コンサルタントの商号又は名称

2. 法人番号　　□□□□□□□□□□□□□

3. 登録番号　　補　第　　　　号

4. 登録を受けていた登録部門

追補⑪

○補償コンサルタント登録規程

昭和59年9月21日
建設省告示第1341号

改正：平成元年4月17日建　設　省告示第1010号
　　　平成6年5月11日建　設　省告示第1369号
　　　平成12年3月31日建　設　省告示第1017号
　　　平成12年12月28日建　設　省告示第2538号
　　　平成15年4月28日国土交通省告示第458号
　　　平成16年4月14日国土交通省告示第470号
　　　平成18年3月31日国土交通省告示第456号
　　　平成19年8月27日国土交通省告示第1141号
　　　平成20年10月1日国土交通省告示第1177号
　　　平成26年4月1日国土交通省告示第461号
　　　平成28年2月1日国土交通省告示第274号

（目的）

第1条　この規程は、補償コンサルタントの登録について必要な事項を定め、その業務の適正を図ることにより、公共事業の円滑な遂行と損失の適正な補償の確保に資することを目的とする。

（登録）

第2条　補償コンサルタント（公共事業に必要な土地等の取得若しくは使用又はこれに伴う損失の補償又はこれらに関連する業務（以下「補償業務」という。）の受託又は請負を行う者をいう。以下同じ。）のうち、別表に掲げる登録部門に係る補償業務を行う者は、この規程の定めるところにより、国土交通省に備える補償コンサルタント登録簿（以下「登録簿」という。）に登録を受けることができる。

2　前項の登録の有効期間は、5年とする。

3　第1項の登録の有効期間満了の後引き続き当該登録部門に係る補償業務を行う者は、登録の更新を受けることができる。

（登録の要件）

第3条　登録を受けようとする者（前条第3項の規定により登録の更新を受けようとする者を含む。以下同じ。）は、次の各号に該当する者でなければならない。

一　登録を受けようとする登録部門ごとに当該登録部門に係る補償業務の管理をつかさどる専任の者で次のいずれかに該当する者を置く者であること。ただし、総合補償部門の登録を受けようとする者にあっては、当該部門に係る補償業務の管理をつかさどる専任の者は、イに該当する者であって補償業務に関し5年以上の指導監督的実務の経験を有するもの、又はこれと同程度の実務の経験を有するものとして国土交通大臣が認定した者でなければならない。

　イ　当該登録部門に係る補償業務に関し7年以上の実務の経験を有する者
　ロ　国土交通大臣がイに掲げる者と同程度の実務の経験を有するものと認定した者

二　補償業務に関する契約を履行するに足りる財産的基礎又は金銭的信用を有しないことが明らかな者でないこと。

三　法人である場合においては当該法人及びその役員が、個人である場合においてはその者及び当該個人の支配人が、補償業務に関する契約に関して不正又は不誠実な行為をするおそれが明

らかな者でないこと。

（登録の申請）

第4条 登録を受けようとする者は、国土交通大臣に、次に掲げる事項を記載した登録申請書（別記様式第1号）を提出するものとする。

一 商号又は名称

二 営業所（本店又は常時補償業務に関する契約を締結する支店若しくは事務所をいう。）の名称及び所在地

三 法人である場合においてはその法人番号（行政手続における特定の個人を識別するための番号の利用等に関する法律（平成25年法律第27号）第39条第1項に規定する法人番号をいう。以下同じ。）、資本金額（出資総額を含む。）及び役員の氏名、個人である場合においてはその氏名及び支配人があるときはその者の氏名

四 登録を受けようとする登録部門及び当該登録部門に係る補償業務の管理をつかさどる専任の者で前条第1号イ又はロに該当するもの（総合補償部門の登録を受けようとする場合においては、前条第1号ただし書に該当する者）の氏名

五 他に営業を行つている場合においては、その営業の種類

2 前項の規定による登録申請書の提出は、登録の更新を受けようとする者にあつては、登録の有効期間の満了の日の90日前から30日前までの間に行うものとする。

3 第1項の登録申請書には、次に掲げる書類（登録の更新を受けようとする者にあつては、第4号から第6号まで、第9号から第11号までに掲げる書類）を添付するものとする。

一 補償業務経歴書（別記様式第2号）

二 直前3年の各事業年度における事業収入金額（他に事業を行つている場合においては、当該事業に係る収入金額を除く。）を記載した書面（別記様式第3号）

三 使用人数を記載した書面（別記様式第4号）

四 前条第1号に規定する要件を備えていることを証する書面（別記様式第5号）

五 登録を受けようとする者（法人である場合においては当該法人及びその役員、個人である場合においてはその者及び支配人）及び法定代理人（法人である場合においては、当該法人及びその役員）が第6条第1項各号のいずれにも該当しない者であることを誓約する書面（別記様式第6号）

六 登録を受けようとする者（法人である場合においてはその役員、個人である場合においてはその者及びその支配人）及び法定代理人（営業に関し成年者と同一の行為能力を有しない未成年者であつて、その法定代理人が法人である場合においては、その役員）の略歴書（別記様式第7号）

七 法人である場合においては、直前1年の各事業年度の貸借対照表、損益計算書、株主資本等変動計算書及び注記表（別記様式第8号から第11号まで）

八 個人である場合においては、直前1年の各事業年度の貸借対照表及び損益計算書（別記様式第12号及び第13号）

九 商業登記がなされている場合においては、登記事項証明書

十 個人である場合（第6号の未成年者であつて、その法定代理人が法人である場合に限る。）においては、その法定代理人の登記事項証明書

十一　営業の沿革を記載した書面（別記様式第14号）

十二　補償コンサルタントの組織する団体に所属する場合においては、当該団体の名称及び当該団体に所属した年月日を記載した書面（別記様式第15号）

4　登録を受けようとする者は、関係書類正本1通を提出するものとする。

（登録の実施）

第5条　国土交通大臣は、前条の規定による登録の申請があつた場合においては、次条第1項の規定により登録をしない場合を除くほか、遅滞なく、前条第1項各号に掲げる事項並びに登録年月日及び登録番号を登録簿に登録するものとする。

2　国土交通大臣は、前項の規定による登録をした場合においては、遅滞なく、その旨を当該申請者に通知するものとする。

（登録をしない場合）

第6条　国土交通大臣は、第4条の規定による登録の申請があつた場合において、登録を受けようとする者が次の各号のいずれか（登録の更新を受けようとする者にあつては、第1号、第3号又は第5号から第7号までのいずれかに該当するとき、又は登録申請書若しくはその添付書類中に重要な事項についての虚偽の記載があり、若しくは重要な事実の記載が欠けているときは、その登録をしないものとする。

一　成年被後見人若しくは被補佐人又は破産者で復権を得ないもの

二　第12条第1項第4号、第8号、第10号又は第11号に該当することにより登録を消除され、その消除の日から2年を経過しない者

三　1年以上の懲役又は禁固の刑に処せられ、その刑の執行を終わり、又は刑の執行を受けることがなくなつた日から2年を経過しない者

四　第11条第1項の規定により登録を停止され、その停止の期間が経過しない者

五　営業に関し成年者と同一の行為能力を有しない未成年者でその法定代理人が前各号又は次号（法人でその役員のうちに第1号から第3号までのいずれかに該当する者のあるものに係る部分に限る。）のいずれかに該当するもの

六　法人でその役員のうちに第1号から第3号までのいずれかに該当する者（第2号に該当する者については、その者が第12条第1項の規定により登録を消除される以前から当該法人の役員であつた者を除く。）のあるもの

七　個人でその支配人のうちに第1号から第3号までのいずれかに該当する者（第2号に該当する者については、その者が第12条第1項の規定により登録を消除される以前から当該個人の支配人であつた者を除く。）のあるもの

2　国土交通大臣は、前項の規定により登録をしない場合においては、遅滞なく、理由を付してその旨を当該申請をした者に通知するものとする。

（現況報告書等の提出）

第7条　登録を受けた者（第2条第3項の規定により登録の更新を受けた者を含む。以下同じ。）は、毎事業年度経過後4月以内に、現況報告書（別記様式第16号）及び第4条第3項第7号又は第8号の書類を国土交通大臣に提出するものとする。

2　第4条第4項の規定は、前項の書類の提出について準用する。

（変更等の届出）

第8条　登録を受けた者は、第4条第1項各号に掲げる事項について変更があつた場合においては、30日以内に、その旨の変更届出書（別記様式第17号）及びその変更が次に掲げるものであるときは当該各号に掲げる書類を国土交通大臣に提出するものとする。
　一　第4条第1項第1号から第3号までに掲げる事項の変更（商業登記の変更を必要とする場合に限る。）　当該変更に係る登記事項を記載した登記事項証明書
　二　第4条第1項第3号に掲げる事項のうち役員又は支配人の新任に係る変更　当該役員又は支配人に係る第4条第3項第5号及び第6号に掲げる書類
　三　第4条第1項第4号に掲げる事項のうち登録部門に係る補償業務の管理をつかさどる専任の者で第3条第1号イ又はロに該当するもの（総合補償部門の登録を受けようとする場合においては、前条第1号ただし書に該当する者に係る変更　当該変更に係る第4条第3項第4号に掲げる書面
2　第3条（第2号を除く。）の規定は前項の変更届出書を提出しようとする者について、第4条第4項の規定は前項の変更届出書又は同項各号の書類の提出について、第5条第1項及び第6条の規定は前項の変更届出書の提出があつた場合について準用する。
3　登録を受けた者は、第3条第1号に規定する要件を欠くに至つたとき、又は第6条第1項第1号、第3号若しくは第5号から第7号までの規定に該当するに至つたときは、2週間以内に、その旨を書面で国土交通大臣に届け出るものとする。

（登録部門の追加）

第9条　登録を受けた者が他の登録部門について登録の追加を受けようとするときは、国土交通大臣に、登録追加申請書（別記様式第18号）を提出するものとする。
2　前項の登録追加申請書には、当該登録の追加を受けようとする登録部門に関する第4条第3項第1号、第2号及び第4号に掲げる書類を添付するものとする。
3　第3条（第2号及び第3号を除く。）の規定は第1項の登録の追加を受けようとする者について、第4条第4項の規定は第1項の登録追加申請書及び前項の書類の提出について、第5条及び第6条の規定は第1項の登録追加申請書の提出があつた場合について準用する。

（廃業等の届出）

第10条　登録を受けた者が、次の各号のいずれかに該当することとなつた場合においては、当該各号に掲げる者は、30日以内に国土交通大臣にその旨を届け出るものとする。
　一　死亡したときは、その相続人
　二　法人が合併により消滅したときは、その役員であつた者
　三　法人が破産手続開始の決定により解散したときは、その破産管財人
　四　法人が合併又は破産手続開始の決定以外の事由により解散したときは、その清算人
　五　登録を受けた登録部門に係る業務を廃止したときは、当該登録を受けた者（法人にあつては、その役員）

（登録の停止等）

第11条　国土交通大臣は、登録を受けた者がその業務に関し不誠実な行為をした場合には、1年以内の期間を定めて、その登録の全部又は一部を停止することができるものとする。
2　国土交通大臣は、前項の規定により登録を停止した場合には、登録簿に当該停止の事実及びその理由を明示するものとする。

3　第1項の規定により登録を停止された者は、停止の期間中は、登録を受けていることを表示してはならないものとする。

4　第6条第2項の規定は、第1項の規定により登録の全部又は一部を停止した場合について準用する。

（登録の消除）

第12条　国土交通大臣は、次の各号のいずれかに掲げる場合には、当該登録を受けた者の登録の全部又は一部を消除するものとする。

一　第10条の規定による届出があつたとき。

二　前号の届出がなくて第10条各号のいずれかに該当する事実が判明したとき。

三　登録の有効期間満了の際、登録の更新の申請がなかつたとき。

四　偽りその他不正の手段により登録を受けたことが判明したとき。

五　第8条第3項の規定による届出があつたとき。

六　前号の届出がなくて第3条第1号に規定する要件を欠くに至つたことが判明したとき。

七　第5号の届出がなくて第6条第1項第1号、第3号又は第5号から第7号までの規定に該当するに至つたことが判明したとき。

八　登録を受けた者（法人である場合においては当該法人又はその役員、個人である場合においては当該個人又はその支配人）がその業務に関し不誠実な行為をし、情状が特に重いとき。

九　正当な理由がなくて第7条第1項の現況報告書又は第8条第1項の変更届出書の提出を怠つたとき。

十　第7条第1項の現況報告書中に重要な事項についての虚偽の記載があることが判明したとき。

十一　前条第3項の規定に違反したとき。

2　第6条第2項の規定は、前項の規定により登録の全部又は一部を消除した場合について準用する。

（弁明の聴取）

第13条　国土交通大臣は、第11条第1項の規定による登録の停止又は前条第1項の規定による消除をしようとするときは、弁明の聴取を行うものとする。ただし、消除事由が、前条第1項第1号から第3号まで及び同項第5号から第7号までの各号のいずれかに該当する場合であつて、それらの事実が届出その他の客観的な資料により直接証明されたときは、弁明の聴取を行わないものとする。

2　前項による弁明の聴取を行う場合にあつては、行政手続法（平成5年法律第88号）第3章第2節の規定に準じて行うものとする。

（登録簿の閲覧等）

第14条　国土交通大臣は、登録簿並びに第4条第3項（第4号及び第6号を除く。）、第7条第1項、第8条第1項及び第9条第1項に規定する書類又はこれらの写しを公衆の閲覧に供するものとする。

2　国、地方公共団体その他の者は、補償業務の発注に関し必要がある場合においては、第7条第1項の現況報告書の写しを国土交通大臣に求めることができる。

（権限の委任）

第15条 この告示に規定する国土交通大臣の権限は、登録を受けようとする者又は登録を受けた者の本店の所在地を管轄する地方整備局長及び北海道開発局長に委任する。

　　　附　則

（施行期日）

この規程は、昭和59年10月1日から施行する。

　　　附　則（平成元年4月17日建設省告示第1010号）

この告示は、公布の日から施行する。

　　　附　則（平成6年5月11日建設省告示第1369号）

この告示は、公布の日から起算して3月を経過した日から施行する。

　　　附　則（平成12年3月31日建設省告示第1017号）

（施行期日）

第1条 この規程は、平成12年4月1日から施行する。

（経過措置）

第2条 民法の一部を改正する法律（平成11年法律第149号）附則第3条第3項の規定により従前の例によることとされる準禁治産者に関するこの規程による改正規定の適用については、なお従前の例による。

　　　附　則（平成12年12月28日建設省告示第2538号）

この告示は、内閣法の一部を改正する法律（平成11年法律第88号）の施行の日（平成13年1月6日）から施行する。

　　　附　則（平成15年4月28日国土交通省告示第458号）

この告示は公布の日から施行する。

　　　附　則（平成16年4月14日国土交通省告示第470号）

1　この告示は、公布の日から施行する。

2　この告示による改正後の告示の規定は、平成16年3月31日以後に終了する事業年度に係る書類について適用し、同日前に終了した事業年度に係るものについては、なお従前の例による。

　　　附　則（平成19年8月27日国土交通省告示第1141号）

1　この告示は、公布の日から施行する。

2　この告示による改正後の告示の規定のうち別記様式各号に掲げる書類であつてこの告示の施行後最初に到来する決算期以前の事業年度に係るものについては、なお従前の例によることができる。

3　この告示による改正前の補償コンサルタント登録規程第13条から第16条までの規定による手続については、平成19年9月30日までは、なお従前の例によることができる。

　　　附　則（平成20年10月1日国土交通省告示第1177号）

この告示は、公布の日から施行する。

　　　附　則（平成26年4月1日国土交通省告示第461号）

（施行期日）

1　この告示は、平成26年5月1日から施行する。

（経過措置）

2　この告示による改正後の補償コンサルタント登録規程別記様式第8号から第11号までは、平成

25年5月1日以後に開始した事業年度に係る決算期に関して作成すべき書類について適用し、同日前に開始した事業年度に係る決算期に関して作成すべき書類については、なお従前の例によることができる。

　　附　則（平成28年2月1日国土交通省告示第274号）
この告示は、公布の日から施行する。

別表（第2条関係）

登　録　部　門
土　地　調　査　部　門
土　地　評　価　部　門
物　　件　　部　　門
機　械　工　作　物　部　門
営業補償・特殊補償部門
事　業　損　失　部　門
補　償　関　連　部　門
総　合　補　償　部　門

追補⑱

○補償コンサルタント登録規程の施行及び運用について

平成28年2月1日
国土用第49号

国土交通省土地・建設産業局総務課長から一般社団法人日本補償コンサルタント協会会長あて通知

　補償コンサルタント登録規程（昭和59年9月21日建設省告示第1341号）の一部改正については、既に土地・建設産業局総務課長から通知（平成28年2月1日付け国土用第48号）されているところであるが、本改正に伴い補償コンサルタント登録規程の解釈及び運用の方針については、下記のとおりとする。

　なお、本通知は、平成28年2月1日から適用することとし、その適用をもって「補償コンサルタント登録規程の施行及び運用について」（平成20年10月1日付け国土用第43号）は廃止する。

　また、本通知について、貴協会加盟の補償コンサルタントに対し周知されたい。

記

1．登録部門関係（第2条第1項）

　登録部門は補償コンサルタント登録規程（以下「登録規程」という。）の別表に掲げられているところであるが、それぞれの登録部門に係る補償業務の内容はおおむね別紙のとおりである。

　なお、土地調査部門及び土地評価部門に係る補償業務には、それぞれ測量法（昭和24年法律188号）第3条に規定する測量及び不動産の鑑定評価に関する法律（昭和38年法律152号）第2条第1項に規定する不動産の鑑定評価は含まれていない。

2．登録の要件関係（第3条）

(1) 登録規程第3条に掲げる「補償業務の管理をつかさどる専任の者」（以下「補償業務管理者」という。）とは、常勤（休日その他勤務を要しない日を除き、毎日所定の時間中勤務することをいう。）で、かつ、専ら当該登録部門に係る補償業務の管理を行う者をいう。したがって、二以上の登録部門にわたって補償業務管理者となることは認められない。また、他の法令等で専任であることを要することとされている者が補償業務管理者となることは認められない。

(2) 登録規程第3条第1号ただし書に定める「補償業務に関し5年以上の指導監督的実務の経験」の期間の算定は、登録部門に関わらず起業者である発注者から直接に受託又は請け負った補償業務について、その契約期間のうち直接従事した期間を個別に積み上げて行うものとする。したがって、契約の期間が重複する場合は直接従事した期間をもって実務の経験の期間を算定するものとする。

　この場合において、1年は12ヶ月、365日として算定する。

　なお、「指導監督的実務の経験」とは、起業者である発注者から直接に受託又は請け負った補償業務の履行に関し、主任担当者等の立場で業務の管理及び統轄を行った経験をいう。

(3) 登録規程第3条第1号イに定める「7年以上の実務の経験」の期間の算定は、当該登録部門に係る起業者である発注者から直接に受託又は請け負った補償業務について、(2)と同様の算定

により行うものとする。

　なお、当該登録部門に係る補償業務に関する実務経験が4年以上7年未満の者で、補償業務全般に関する実務経験を有する者にあっては、後者の経験年数3年を前者の経験年数1年に換算し、前者の経験年数と合算した年数が7年以上であれば、「7年以上の実務の経験」を有する者とみなすことができる。

(4)　国土交通大臣が行う登録規程第3条第1号ただし書に定める「これと同程度の実務の経験を有するもの」の認定は、補償業務全般に関する指導監督的実務の経験7年以上を含む20年以上の実務の経験を有する者その他これに準ずる者について行うものとする。

　ただし、補償業務全般に関する指導監督的実務の経験を7年以上有しているものの実務経験が20年未満の者で、総合補償部門に係る補償業務に関する実務経験を有する者にあっては、後者の経験年数1年を前者の経験年数3年に換算し、前者の経験年数と合算した年数が20年以上であれば、「20年以上の実務の経験」を有する者とみなすことができる。

　なお、「指導監督的実務の経験」とは、国家公務員にあっては人事院規則9－8（初任給、昇格、昇級等の基準）別表第一に定める級別標準職務表のうちイ行政職俸給表㈠級別標準職務表に定める10級から4級までの級に相応する標準的な職務のうち管理的職務又はこれに準ずる職務に従事したことのある経験をいい、地方公務員等にあってはこれに相当する職務に従事したことのある経験をいう。

(5)　国土交通大臣が行う登録規程第3条第1号ロの規定に定める「イに掲げる者と同程度の実務の経験を有するもの」の認定は、補償業務全般に関する指導監督的実務の経験3年以上を含む20年以上の実務の経験を有する者その他これに準ずる者について行うものとする。

　ただし、補償業務全般に関する指導監督的実務の経験を3年以上有しているものの実務経験が20年未満の者で、登録部門に係る補償業務に関する実務経験を有する者にあっては、後者の経験年数1年を前者の経験年数3年に換算し、前者の経験年数と合算した年数が20年以上であれば、「20年以上の実務の経験を有する者」とみなすことができる。

　なお、「指導監督的実務の経験」とは、(4)のなお書と同様の経験をいう。

(6)　(4)及び(5)の「その他これに準ずる者」とは、一般社団法人日本補償コンサルタント協会が付与する補償業務管理士の資格として、

　イ．(4)にあっては、総合補償部門

　ロ．(5)にあっては、総合補償部門以外の各部門

の登録を受けている者で、登録部門に関わらず起業者である発注者から直接に受託若しくは請け負った補償業務に関し(2)と同様の算定による7年以上の実務の経験を有する者、補償業務全般に関し20年以上の実務の経験を有する者、登録部門に関わらず補償業務に関する指導監督的実務の経験が1件以上ある者又は補償業務全般に関する指導監督的実務の経験を有する者をいう。

　なお、一般社団法人日本補償コンサルタント協会が付与する補償業務管理士の資格の登録を受けている者で、平成23年度までに一般財団法人公共用地補償機構の行う「補償コンサルタント業補償業務管理者認定研修」を修了した者は、「その他これに準ずる者」として取り扱うこととする。

(7)　(4)から(6)までの認定については、次に掲げるところにより行うものとする。

イ．本認定の申請は、登録規程に基づく登録を受けようとする補償コンサルタントが登録の申請、登録事項の変更の届出又は登録部門の追加の申請と併せて行うものとする。

ロ．本認定を受けようとする者は、補償業務管理者認定申請書（別記様式第1号）を提出するものとする。

ハ．補償業務管理者認定申請書（別記様式第1号）の別表1（補償業務管理者実務経歴書（補償業務経験者））に記載された「実務期間」について、補償業務と他の業務を兼職している疑義がある時は、必要に応じて組織表、業務分掌表、申請者への聞き取り又は人事担当者への聞き取りなどにより、業務全体に占める補償業務の比率で判断するものとする。

ニ．本認定は、当該認定に係る補償業務管理者が当該認定を受けた補償コンサルタントを退職した場合等においては、その効力を失う。

(8) 登録規程第3条第2号に定める「財産的基礎又は金銭的信用を有しないことが明らかな者でないこと」とは、原則として以下の基準を満たす者であることをいうものとする。

・法人である場合

資本金500万円以上でかつ自己資本の額（貸借対照表における純資産合計の額をいう。以下同じ。）が1,000万円以上を満たす者であること。

・個人である場合

自己資本の額が1,000万円以上を満たす者であること。

3．審査関係

登録規程に基づく登録の申請等に係る審査は、原則として、書面審査により行うものとする。

また、申請者が法人である場合には、国税庁のホームページ「法人番号公表サイト」を検索して当該申請者の法人番号を確認（4．の規定により当該申請者あてに国税庁長官から通知された法人番号（法人番号指定通知書）の写しを求める場合を除く。）することとする。

4．添付書類

登録規程第4条第1項の規定に基づく登録の申請、第8条第1項の規定に基づく変更等の届出（同項第3号に掲げる変更に限る。）又は第9条第1項の規定に基づく登録部門の追加の申請に当たっては、それぞれ登録規程第4条第3項、第8条第1項第3号下欄又は第9条第2項に定める添付書類等のほか、必要に応じ、補償業務管理者が当該申請等に係る補償コンサルタントに常勤していることを証する書類として、補償業務管理者の健康保険被保険者証・標準報酬月額決定通知書の写しを求めることとする。

なお、申請者が法人である場合には、当該申請者あてに国税庁長官から通知された法人番号（法人番号指定通知書）の写しを求めることも可とする。

5．登録の通知等

(1) 登録等に関する通知について

登録規程に規定する通知のほか、第4条第1項の規定に基づく登録の申請又は第9条第1項の規定に基づく登録部門の追加の申請に対しては、登録後登録に関する通知を別記様式第2号により通知するものとする。

(2) 現況報告書及び変更届出書の確認・返却

　登録規程第7条第1項の規定に基づく現況報告書又は同登録規程第8条第1項の規定に基づく変更届出書の提出の際、正本の写しを補償コンサルタントが添付してきた場合については、その内容を確認後、返却することとする。

(3) 登録要件を満たさなくなった場合等の届出について

　登録規程第8条第3項に該当し二週間以内に国土交通大臣にその旨を届け出る場合には別記様式第3号によるものとする。

(4) 廃業等の届出について

　登録規程第10条に該当し三十日以内に国土交通大臣にその旨を届け出る場合には別記様式第4号によるものとする。

(5) 登録の停止の通知について

　登録の全部又は一部を停止した場合の登録規程第11条第4項において準用する登録規程第6条第2項に基づく通知は、別記様式第5号によるものとする。

(6) 登録の消除の通知について

　登録の全部又は一部を消除した場合の登録規程第12条第2項において準用する登録規程第6条第2項に基づく通知は、別記様式第6号によるものとする。

（別　紙）各登録部門に係る補償業務の内容

1　土地調査部門

　土地の権利者の氏名及び住所、土地の所在、地番、地目及び面積並びに権利の種類及び内容に関する調査並びに土地境界確認等の業務

2　土地評価部門

(1) 土地の評価のための同一状況地域の区分及び土地に関する補償金算定業務又は空間若しくは地下使用に関する補償金算定業務

(2) 残地等に関する損失の補償に関する調査及び補償金算定業務

3　物件部門

(1) 木造建物、一般工作物、立木又は通常生ずる損失に関する調査及び補償金算定業務

(2) 木造若しくは非木造建築物で複雑な構造を有する特殊建築物又はこれらに類する物件に関する調査及び補償金算定業務

4　機械工作物部門

　機械工作物に関する調査及び補償金算定業務

5　営業補償・特殊補償部門

(1) 営業補償に関する調査及び補償金算定業務

(2) 漁業権等の消滅又は制限に関する調査及び補償金算定業務

6　事業損失部門

事業損失(注)に関する調査及び費用負担の算定業務
(注) 事業損失とは、事業施行中又は事業施行後における日陰等により生ずる損害等をいう。

7 補償関連部門
(1) 意向調査（注1）、生活再建調査（注2）その他これらに関する調査業務
(2) 補償説明及び地方公共団体等との補償に関する連絡調整業務
(3) 事業認定申請図書等の作成（注3）業務
　(注1) 意向調査とは、事業に対する地域住民の意向に関する調査をいう。
　(注2) 生活再建調査とは、公共事業の施行に伴い講じられる生活再建のための措置に関する調査をいう。
　(注3) 事業認定申請図書等の作成とは、起業者が事業認定庁に対する事前相談を行うための相談用資料（事業認定申請図書（案））の作成、事業認定庁との事前相談の完了に伴う本申請図書等の作成及び裁決申請図書作成等をいう。

8 総合補償部門
(1) 公共用地取得計画図書の作成業務
(2) 公共用地取得に関する工程管理業務
(3) 補償に関する相談業務
(4) 関係住民等に対する補償方針に関する説明業務
(5) 公共用地交渉業務（注）
　(注) 公共用地交渉業務とは、関係権利者の特定、補償額算定書の照合及び交渉方針の策定等を行った上で、権利者と面接し、補償内容の説明等を行い、公共事業に必要な土地の取得等に対する協力を求める業務をいう。

別記様式第1号　　　　　　　　　　　　　　　　　　　　　　　　　　　（用紙Ａ４）

補償業務管理者認定申請書

補償コンサルタント登録規程に基づく登録を受けるため、下記の者が

{ 登録規程第3条第1号ただし書
　同規程第3条第1号ロ }

に該当するものであることの認定を受けたいので、申請いたします。

　　　　　　　　　　　　　　　　　　　　　平成　　年　　月　　日

　　　　　　　　　　　　　　　　　　申請者　　　　　　　　　　㊞

　　　　　　　殿

　　　　　　　　　　　　　　記

登録を受けようとする登録部門	
補償業務管理者の氏名　　　　　　　　　　生年月日	
住所	
実務経歴は、別表　（補償コンサルタント業補償業務管理者認定研修修了者にあっては、同研修修了証書の写）のとおり。	
上記の者は別表　のとおり実務の経験を有することに相違ありません。 　　　　　　　　　　　　　　　　　　平成　　年　　月　　日 　　　　　　　　　　　　　　　　申請者　　　　　　　　　　　㊞	

備考
1　「登録規程第3条第1号ただし書」又は「同規程第3条第1号ロ」は、不要のものを消すこと。
2　補償業務全般に関する実務経歴は、別表1に記載して添付すること。
3　起業者である発注者から直接に受託又は請け負った補償業務に関する実務の経験（主任担当者等の立場で業務の管理及び統轄を行った経験を含む。）は、別表2に記載して添付すること。
4　補償業務管理士の資格の登録を受けている者にあっては、同資格証書（補償業務管理士登録証を含む。）の写を添付すること。
5　補償コンサルタント業補償業務管理者認定研修修了者とは、平成4年度から平成23年度までに同認定研修を修了した者をいう。

別表1　　　　　　　　　　　　　　　　　　　　　　　　　　　　　　　　　　　（用紙Ａ４）

補償業務管理者実務経歴書
（補償業務経験者）

氏　名	現　住　所			
年月日	所　属	役職名	職務の内容	実務期間
補償業務実務経験		合　計		年　　月
		うち指導監督的実務経験		年　　月

上記の者は、上記のとおり実務経歴の内容に相違ないことを証明する。

平成　　年　　月　　日

証明者　　　　　　　　㊞

記載要領
1. 「実務期間」の欄は、補償業務に従事した期間のみ記載すること。
2. 指導監督的実務経験に該当する役職名には〇印を付すること。
3. 証明者は、退職時における所属機関の人事担当部局長とすること。
4. 補償業務管理士の資格の登録を受けている者で、２０年以上の補償業務実務経験を有する者は、２の〇印は不要。
5. 補償業務管理士の資格の登録を受けている者で、指導監督的実務経験を有する者は、該当する役職のうち１つについて記載すること。

別表2 (用紙A4)

補償業務管理者実務経歴書
(受託(請負)による補償業務経験者)

氏名		現住所			
期　　間	実務経験年数	実　務　経　験　の　内　容			
		業務の内容(業務上の役割)	契約の相手方	契約金額	
自　　年　　月 至　　年　　月	年　　月				
自　　年　　月 至　　年　　月	年　　月				
自　　年　　月 至　　年　　月	年　　月				
自　　年　　月 至　　年　　月	年　　月				
自　　年　　月 至　　年　　月	年　　月				
自　　年　　月 至　　年　　月	年　　月				
自　　年　　月 至　　年　　月	年　　月				
合　　　計	年　　月				

上記の者は、上記のとおり実務の経験を有することに相違ないことを証明します。

平成　　年　　月　　日

証明者　　　　　　㊞

証明を得ること ができない場合	その理由		証明者と被証明者 との関係	

記載要領
1. 「業務の内容」の欄は、企業名、職名、本人が従事した補償業務について、契約名、規模、本人の業務上の役割等について具体的に記載すること。
2. 主任担当者等の立場で業務の管理及び統轄を行った経験を記載する場合は、業務上の役割として当該業務上の立場の名称を記載するものとし、補償業務管理士となった前後、登録部門の別、業務の期間の長短、契約金額の多寡は問わないが、当該業務のすべての期間において主任担当者等として補償業務の履行をつかさどった業務1件について記載すること。
3. 証明者が複数ある場合は、証明者ごとに作成すること。

「改訂3版 補償コンサルタント登録申請の手引き」正誤表

　この度は「改訂3版 補償コンサルタント登録申請の手引き」をお買い上げいただき、厚く御礼申し上げます。

　本文中に下記の訂正箇所がございました。

　深くお詫び申し上げますとともに、訂正をお願いいたします。

●P. 91　登録更新申請に必要な提出書類(綴じ込み順)
　　　　枠外の最下部「注6」

誤	正
70～80頁参照。	70～88頁参照。

●P. 113　追加登録申請に必要な提出書類(綴じ込み順)
　　　　枠外の最下部「注4」

誤	正
70～80頁参照。	70～88頁参照。

●P. 134　変更届に必要な提出書類(綴じ込み順)
　　　　枠外の最下部「注5」

誤	正
70～80頁参照。	70～88頁参照。

●P. 140　(4)登録部門に係る補償業務の管理をつかさどる専任の者で補償コンサルタント登録規程第3条第1号イ又はロに該当するもの(総合補償部門の登録を受けようとする場合においては、第3条第1号ただし書に該当する者)の氏名の変更の場合

　　　　「①　変更届出書　別記様式第17号(第8条関係)」枠外右側上部の説明文中上から14行目

誤	正
63～80頁	63～88頁

改訂3版

補償コンサルタント登録申請の手引き

編著◆補償コンサルタント登録制度研究会

大成出版社

[改訂3版]
補償コンサルタント登録申請の手引き

目　次

補償コンサルタント登録のあらまし……………………………………………… 1

登録申請実務等について（Q＆A）……………………………………………… 11

1　新規登録………………………………………………………………… 19

2　更新登録………………………………………………………………… 89

3　追加登録申請…………………………………………………………… 111

4　変更等の届出…………………………………………………………… 131

5　現況報告書……………………………………………………………… 153

6　廃業等の届出…………………………………………………………… 163

7　登録規程・通知………………………………………………………… 167

補償コンサルタント登録のあらまし

凡例 登録規程：補償コンサルタント登録規程（昭和59年9月21日建設省告示第1341号）
　　　　制定通知：補償コンサルタント登録規程の制定について（昭和59年9月21日建設省経整発
　　　　　　　　　第12号　建設省建設経済局長通知）
　　　　課長通知：補償コンサルタント登録規程の施行及び運用について（平成20年10月1日国土
　　　　　　　　　用第43号　国土交通省土地・水資源局総務課長通知）

I　補償コンサルタントの登録

1．補償コンサルタント登録規程

　補償コンサルタント登録規程（以下、登録規程といいます。）は、補償コンサルタントの業務の適正を図ることにより、公共事業の円滑な遂行と損失の適正な補償の確保に資することを目的として、昭和59年に建設大臣（現国土交通大臣）により制定・告示されました。その後、平成26年4月の補償コンサルタント登録規程の一部改正まで、計10回の改正を経て現在に至っているものです。

　公共事業に必要な土地等の取得又は使用に伴う土地所有者及び関係人に生ずる損失の補償に必要な調査、算定業務等については、戦前、戦後を通じて起業者が自ら行ってきました。しかし、戦後の高度経済成長に伴う社会資本の整備拡充や公共事業量の増大、公共施設の大型化・多様化等によるこれら補償業務の増大、国民の権利意識の高揚等による業務の複雑多様化等により、専門的知識を有する補償コンサルタントの活用が不可欠な問題となり、昭和40年代より補償コンサルタントへの請負化が進められました。

　このため、建設省（現国土交通省）は、補償コンサルタントの育成・活用に取り組み、昭和54年には、入札の際の業種区分として補償コンサルタントを他の建設関連業から独立した部門として位置付けるとともに、その後、昭和59年には上記のように起業者の利便に供するための補償コンサルタント登録制度を創設しました。

　登録規程は、公共事業に必要な土地等の取得若しくは使用又はこれに伴う損失の補償に係る業務として8つの登録部門を設け、各部門に係る営業を営む者が、一定の要件を満たした場合に、国土交通大臣の登録が受けられる制度と手続きを定めたものです。

　ただし、登録規程は行政上の告示の形をとっており、立法府による法律ではありません。告示とは、公の機関が一定の事項を公式に広く一般に知らせる行為をいいます。告示形式による本規程は、法的拘束力を有するものではありません。

　したがって、登録規程に基づく登録の有無に関わらず、登録部門に該当する補償コンサルタントの営業は、誰でも自由に行うことができます。

　なお、登録規程は、今日においては国土交通省直轄事業のみならず、多くの公共事業起業者に活用されているとともに、公共事業を離れた様々な分野においても、損失補償業務の専門家の選

定に活用されうる制度です。

2．登録部門

登録規程においては、補償コンサルタントを「公共事業に必要な土地等の取得若しくは使用又はこれに伴う損失の補償に関連する業務」とし、国土交通省に備える補償コンサルタント登録簿に次の8部門ごとに登録を受けることができます。（登録規程第2条、登録規程―別表、課長通知―別紙）

登録部門	補償業務の内容
土地調査部門	土地の権利者の氏名及び住所、土地の所在、地番、地目及び面積並びに権利の種類及び内容に関する調査並びに土地境界確認等の業務
土地評価部門	(1) 土地の評価のための同一状況地域の区分及び土地に関する補償金算定業務又は空間若しくは地下使用に関する補償金算定業務 (2) 残地等に関する損失の補償に関する調査及び補償金算定業務
物件部門	(1) 木造建物、一般工作物、立木又は通常生ずる損失に関する調査及び補償金算定業務 (2) 木造若しくは非木造建築物で複雑な構造を有する特殊建築物又はこれらに類する物件に関する調査及び補償金算定業務
機械工作物部門	機械工作物に関する調査及び補償金算定業務
営業補償・特殊補償部門	(1) 営業補償に関する調査及び補償金算定業務 (2) 漁業権等の消滅又は制限に関する調査及び補償金算定業務
事業損失部門	事業損失（注）に関する調査及び費用負担の算定業務 （注） 事業損失とは、事業施行中又は事業施行後における日陰等により生ずる損害等をいう。
補償関連部門	(1) 意向調査(注1)、生活再建調査(注2)その他これらに関する調査業務 (2) 補償説明及び地方公共団体等との補償に関する連絡調整業務 (3) 事業認定申請図書等の作成(注3)業務 （注1） 意向調査とは、事業に対する地域住民の意向に関する調査をいう。 （注2） 生活再建調査とは、公共事業の施行に伴い講じられる生活再建のための措置に関する調査をいう。 （注3） 事業認定申請図書等の作成とは、起業者が事業認定庁に対する事前相談を行うための相談用資料（事業認定申請図書（案））の作成、事業認定庁との事前相談の完了に伴う本申請図書等の作成及び裁決申請図書作成等をいう。
総合補償部門	(1) 公共用地取得計画図書の作成業務 (2) 公共用地取得に関する工程管理業務 (3) 補償に関する相談業務 (4) 関係住民等に対する補償方針に関する説明業務 (5) 公共用地交渉業務（注） （注） 公共用地交渉業務とは、関係権利者の特定、補償額算定書の照合及び交渉方針の策定等を行った上で、権利者と面接し、補償内容の説明等を行い、公共事業に必要な土地の取得等に対する協力を求める業務をいう。

3．登録の要件

登録を受ける場合は、以下の登録の要件を満たしていなければなりません。

(1) 登録を受けようとする者は、登録を受けようとする登録部門ごとに当該登録部門に係る補償業務の管理をつかさどる専任の者（以下「補償業務管理者」という。）を置く者であること。
　（登録規程第3条第1号）

「補償業務の管理をつかさどる専任の者」とは、常勤（休日その他勤務を要しない日を除き、毎日所定の時間中勤務することをいう。）で、かつ、専ら当該登録部門に係る補償業務の管理を行う者をいう。したがって、二以上の登録部門にわたって補償業務管理者となることは認められない。（課長通知2(1)）

(2) イ 当該登録部門に係る補償業務に関し7年以上の実務の経験を有する者
　　ロ 国土交通大臣がイに掲げる者と同程度の実務の経験を有する者（登録規程第3条第1号）

　国土交通大臣が行う登録規程第3条第1号ロの規定に定める「イに掲げる者と同程度の実務の経験を有するもの」の認定は、補償業務全般に関する指導監督的実務の経験3年以上を含む20年以上の実務の経験を有する者その他これに準ずる者について行うものとする。（課長通知2(5)）

　上記(2)の「その他これに準ずる者」とは、一般社団法人日本補償コンサルタント協会が付与する補償業務管理士の資格を有する者で、「補償コンサルタント業補償業務管理者認定研修」を終了した者又は登録部門に関わらず起業者である発注者から直接に受託若しくは請け負った補償業務に関し（課長通知2(2)）と同様の算定による7年以上の実務の経験を有する者、補償業務全般に関し20年以上の実務の経験を有する者又は（課長通知2(2)）若しくは（課長通知2(4)）の指導監督的実務の経験を有する者（課長通知2(6)）

(3) 総合補償部門の登録を受けようとする者にあっては、当該部門に係る補償業務の管理をつかさどる専任の者は、イに該当する者であって補償業務に関し5年以上の指導監督的実務の経験を有するもの、又はこれと同程度の実務の経験を有するものとして国土交通大臣が認定した者であること。（登録規程第3条第1号ただし書）

　上記の「これと同程度の実務の経験を有するもの」の認定は、補償業務全般に関する指導監督的実務の経験7年以上を含む20年以上の実務の経験を有する者その他これに準ずる者について行うものとする。（課長通知2(4)）

　上記(3)の「その他これに準ずる者」とは、一般社団法人日本補償コンサルタント協会が付与する補償業務管理士の資格（総合補償部門）を有する者で、「補償コンサルタント業補償業務管理者認定研修」を終了した者又は登録部門に関わらず起業者である発注者から直接に受託若しくは請け負った補償業務に関し（課長通知2(2)）と同様の算定による7年以上の実務の経験を有する者、補償業務全般に関し20年以上の実務の経験を有する者又は（課長通知2(2)）若しくは（課長通知2(4)）の指導監督的実務の経験を有する者（課長通知2(6)）

　　＊「指導監督的実務経験」とは、起業者である発注者から直接に受託又は請け負った補償業務の履行に関し、主任担当者等の立場で業務の管理及び統轄を行った経験をいう。（課長通知2(2)）
　　　また、国家公務員にあっては、補償業務に関して管理的職務又はこれに準ずる職務に従事したことのある経験をいい、地方公務員等にあってはこれに相当する職務に従事したことのある経験をいう。（課長通知2(4)）

(4) 補償業務に関する契約を履行するに足りる財産的基礎又は金銭的信用を有しないことが明らかな者でないこと。（登録規程第3条第2号）

　実務上は、原則として次の基準を満たす者であることとされています。（課長通知2(8)）

イ　法人である場合、資本金500万円以上でかつ自己資本の額が1,000万円以上
　　ロ　個人である場合、自己資本の額が1,000万円以上
(5) **法人である場合においては当該法人及びその役員が、個人である場合においてはその者及び当該個人の支配人が、補償業務に関する契約に関して不正又は不誠実な行為をするおそれが明らかな者でないこと。**（登録規程第3条第3号）

　　企業の誠実性を登録の要件とし、将来、業務において不正、不誠実な行為をする蓋然性が高い者を排除しようとするものです。具体的には、不誠実行為等により登録を消除された企業の役員等であった者で一定の期間を経ていないものが、新たに登録を受けようとする企業の経営上の責任者となっている場合（ペナルティ逃れ）等が想定されます。

4．欠格事由

　　登録申請書若しくはその添付書類中に重要な事項についての虚偽の記載があり、又は重要な事実の記載が欠けているときのほか、登録を受けようとする者が次の欠格要件に該当する場合は登録を受けることができません。（登録規程第6条第1項）

(1) 成年被後見人若しくは被保佐人又は破産者で復権を得ないもの
(2) 登録規程により登録を消除され、その消除の日から2年を経過しない者

　　　※　「登録規程により登録を消除され」とは以下の場合です。

> ・偽りその他不正の手段により登録を受けたことが判明したとき［登録規程第12条第1項第4号］
> ・登録を受けた者（法人である場合においては当該法人又はその役員、個人である場合においては当該個人又はその支配人）がその業務に関し不誠実な行為をし、情状が特に重いとき［同条同項第8号］
> ・現況報告書中に重要な事項についての虚偽の記載があることが判明したとき［同条同項第10号］
> ・登録停止中に登録を受けていることを表示して営業行為を行ったことが判明したとき［同条同項第11号］（登録停止については7頁「Ⅴ　指導等」を参照）

　　なお、複数の部門について登録している場合で、上記の理由により登録部門の一部を消除されたときは、消除されなかった部門の更新登録は受けることができますが、新たな部門の追加登録は、2年間受けることができません。

(3) 1年以上の懲役又は禁錮の刑に処せられ、その刑の執行を終わり、又は刑の執行を受けることがなくなった日から2年を経過しない者
(4) 登録規程により登録を停止され（登録規程第11条第1項）、停止期間が経過しない者
(5) 営業に関し成年者と同一の行為能力を有しない未成年者でその法定代理人が(1)～(3)まで又は(6)（法人でその役員のうちに(1)～(3)までのいずれかに該当する者のあるものに係る部分に限る。）のいずれかに該当するもの
(6) 法人でその役員のうちに(1)～(3)までのいずれかに該当する者のあるもの

　　(2)に該当する者については、その者が登録を消除される以前から申請者の役員であった場合は、この基準の適用を受けません。これは、当該登録の消除に関わらない申請者が、他企業の登録消除を理由にその申請に係る登録を受けることができないとすれば、著しく不合理となる

ため、このような規定になっています。

> ＊これに対し、(2)に該当する者が、当該消除措置の後に、現に登録を受けている者の役員に就任した場合にあっては、消除事由となり、就任後2週間以内に届け出なければなりません。（登録規程第8条第3項、第12条第1項第5号）

(7) 個人でその支配人のうちに(1)〜(3)までのいずれかに該当する者のあるもの（適用の除外等については(6)の法人の場合と同じです。）

5．登録の有効期間及び登録の更新（169頁）

登録の有効期間は5年であり、この有効期間満了の後引き続き登録を受けようとする場合は、登録の更新を受けることができます。（登録規程第2条第2項、第3項）

なお、更新登録の申請に当たっては、有効期間満了の日（既登録年月日から5年後の同月同日の前日）の90日前から30日前までの間に登録申請書を提出しなければなりません。（登録規程第4条第2項）

6．登録部門の追加登録（172頁）

登録を受けた者が、他の登録部門について所定の要件を満たし追加の登録を受けようとするときは、申請により登録の追加を受けることができます。（登録規程第9条）

登録の有効期間（＝更新時期）は、追加登録してもそれにより既に登録を受けている有効期間が変わることはありません。

7．申請書等の提出部数等

(1) 提出部数は、正本1部です。（登録規程第4条第4項）

ただし、写しの返却が必要な場合については、2部提出（正本・写し）となります。

例えば、国土交通省においては、一般競争資格審査の申請に際して提出する添付書類の一部を、現況報告書の写しに代えることができるものとしており、登録行政庁において現況報告書の写しに記載事項の確認済印を押印して返却しています（郵送用のＡ4封筒に所要の切手を貼り、住所、宛名を明記して現況報告書とともに提出して下さい。）。

なお、提出された申請書等は原則として返却されませんので、必ず申請者側において控えを作成して保管しておいて下さい。

(2) 申請書様式等（登録規程―別記様式）

① 申請書様式は、国土交通省各地方整備局等のホームページから入手することができます。

② また、（一社）日本補償コンサルタント協会ホームページからも入手することができます。
http://www.jcca-net.or.jp 　（「補償コンサルタント登録」）

③ 電子申請を希望される方は、国土交通省のホームページの、各種窓口→オンライン申請窓口をご覧下さい。

Ⅱ　登録を受けている補償コンサルタントが提出を義務付けられている書類

登録を受けている補償コンサルタントは、一定の書類を所定の期限内に提出する義務がありま

す。これを怠ると、登録を消除されることがありますので十分に注意して下さい。

1．現況報告書（登録規程第7条）（171頁）

登録を受けた者は、毎事業年度経過後4月以内に、現況報告書及び法人である場合は、直前の事業年度の貸借対照表、損益計算書、株主資本等変動計算書及び注記表、個人である場合は、直前の事業年度の貸借対照表及び損益計算書を提出しなければなりません。

なお、現況報告書は2部提出（郵送用のA4封筒に所要の切手貼付、住所、宛名明記）された場合、1部については、記載事項を確認し確認済印を押印して返却されますので、競争参加資格審査申請等の際に、これを活用して下さい。

2．変更等の届出（登録規程第8条）

(1) 登録を受けた者は、次に掲げる事項に変更があったときは、その変更の事実が生じた日から30日以内に、その旨を所定の様式により届け出なければなりません。（171頁）
  ① 商号又は名称
  ② 営業所（本店又は常時補償業務に関する契約を締結する支店若しくは事務所をいいます。）の名称及び所在地
  ③ 法人である場合においてはその資本金額（出資総額を含みます。）及び役員（監査役は含みません。）の氏名、個人である場合においてはその氏名及び支配人があるときはその者の氏名
  ④ 登録を受けている登録部門に係る補償業務の管理をつかさどる専任の者の氏名
  ⑤ 他に営業を行っている場合においては、その営業の種類

(2) 登録を受けた者は、次に掲げる事項に該当することとなったときはその日から2週間以内に、その旨を届け出なければなりません。（172頁）
  ① 登録を受けた登録部門に補償業務管理者が置かれなくなった場合
  ② Ⅰ－4．の欠格事由のうち(1)、(3)、(5)～(7)に該当することとなった場合

3．廃業等の届出（登録規程第10条）（172頁）

次に掲げる事項に該当することとなったときは、その日から30日以内に、それぞれの事由毎に右に掲げる者がその旨を届け出なければなりません。
  ① 個人で登録を受けていた者が死亡した場合————————その相続人
  ② 法人が合併により消滅した場合————————————その役員であった者
  ③ 法人が破産手続開始の決定により解散した場合—————その破産管財人
  ④ 法人が合併又は破産手続開始の決定以外の事由により解散した場合————————その清算人
  ⑤ 登録を受けた登録部門に係る営業を廃止した場合————当該登録を受けた者（法人にあっては、その役員）

Ⅲ　申請書等の提出先、問い合わせ先及び提出方法

　申請書等の提出先及び問い合わせ先は、申請者の主たる営業所が所在する都道府県を管轄する国土交通省の各地方整備局、北海道開発局及び内閣府の沖縄総合事務局です。（9頁参照）

　申請書等の受付は到達をもって行われます（上記の受付窓口に申請書等が到着した時をもって提出された時とされます。）。

　したがって、更新登録を申請するときは、登録の有効期間満了日の30日前まで（その日が行政機関の休日に当たる場合には、行政機関の休日の翌日まで）に、上記の提出先に到着するよう十分な余裕をもって提出するよう注意が必要です。

　なお、提出は、持参、郵送いずれでも受け付けられています。

　また、登録手続等終了後申請者宛に通知書又は現況報告書（写）等を送付しますので、郵送用のＡ４封筒（所要の切手貼付、住所、宛名明記）を申請書等に添付して下さい。

Ⅳ　申請書等の閲覧

　補償コンサルタントの提出した登録申請書、変更届出書、現況報告書は、国土交通省各地方整備局等において閲覧することができます。（9頁参照）

　ただし、休日を除きます。また、事務の都合により閲覧を行わない場合がありますので、事前に電話で確認されますようお願いします。

Ⅴ　指導等

　補償コンサルタントが、その請け負った業務を誠実に実施しなければならないことはもとより当然ですが、万が一、請負契約に違反する行為をしたり、請負契約の締結又は履行の際において法律に違反する行為をした場合には、登録行政庁として是正を指導することになります。

　行為の内容、情状に応じて、行政指導を行う他、1年以内の期間を定めて登録の停止措置を行い、登録停止違反や特に情状が重い場合には登録の消除措置を行うことがあります。

　行政指導とは、例えば、法令遵守のための社内体制を整備するよう勧告する等、一定の行為をするよう、又はしないよう指導するものですが、強制力を伴いません。

　登録停止とは、平成19年度の規程改正で制度化されたもので、登録簿に停止の事実とその理由を明示して閲覧に供するとともに、措置を受けた者に対しては、停止期間中は自己が補償コンサルタント登録されていることを表示して営業してはならないとするものです。

　つまり、登録停止中も営業そのものは変わらず行えますが、登録を受けていない者と同じ状態にあるということができ、起業者等外部に向かって登録を受けていることを表示して営業することができません。例えば、補償コンサルタント登録を参加要件とする入札に参加することはできません。

　本来、登録の有無に関わらず、登録部門に該当する補償コンサルタントの営業は、誰でも自由に行うことができますが、一定の基準を満たした者を登録という形で公示し、起業者の利便と補償コ

ンサルタントの振興に資するという本登録制度の主旨から、不誠実な補償コンサルタントに対しては、一定期間、登録制度を利用することができないようにするというのが、登録停止措置の主旨です。

多くの起業者が本登録制度を活用していることから、登録停止措置制度の存在により、登録を受けた補償コンサルタントの誠実性がより一層担保されるという効果が期待されます。

また、登録停止違反をした場合には登録を消除されることになっており、これにより登録停止措置の実効性を担保しています。

申請書等の提出先、問い合わせ先及び閲覧場所一覧

＊平成26年10月1日現在

提出先、問い合わせ先及び閲覧場所	住所、郵便番号及び電話番号	管轄する区域
国土交通省　北海道開発局 開発監理部　用地課 （企画係）	〒060-8511 札幌市北区北八条西2丁目 札幌第一合同庁舎 Tel　011-709-2311（内5260）	北海道
国土交通省　東北地方整備局 用地部　用地企画課 （管理係）	〒980-8602 仙台市青葉区二日町9－15 Tel　022-225-2171（内4761）	青森県、岩手県、宮城県、秋田県、山形県、福島県
国土交通省　関東地方整備局 用地部　用地企画課 （管理係）	〒330-9724 さいたま市中央区新都心2－1 さいたま新都心合同庁舎第2号館 Tel　048-600-1358（内4761）	茨城県、栃木県、群馬県、埼玉県、千葉県、東京都、神奈川県、山梨県、長野県
国土交通省　北陸地方整備局 用地部　用地企画課 （管理係）	〒950-8801 新潟市中央区美咲町1－1－1 新潟美咲合同庁舎第1号館 Tel　025-370-6528（内4761）	新潟県、富山県、石川県
国土交通省　中部地方整備局 用地部　用地企画課 （管理係）	〒460-8514 名古屋市中区三の丸2－5－1 名古屋合同庁舎第2号館 Tel　052-953-8105（内4761）	岐阜県、静岡県、愛知県、三重県
国土交通省　近畿地方整備局 用地部　用地企画課 （管理係）	〒540-8586 大阪市中央区大手前1－5－44 大阪合同庁舎第1号館 Tel　06-6942-1141（内4761）	福井県、滋賀県、京都府、大阪府、兵庫県、奈良県、和歌山県
国土交通省　中国地方整備局 用地部　用地企画課 （管理係）	〒730-8530 広島市中区上八丁堀6－30 広島合同庁舎第2号館 Tel　082-511-6443（内4761）	鳥取県、島根県、岡山県、広島県、山口県
国土交通省　四国地方整備局 用地部　用地企画課 （管理係）	〒760-8554 高松市サンポート3－33 Tel　087-811-8339（内4761）	徳島県、香川県、愛媛県、高知県
国土交通省　九州地方整備局 用地部　用地企画課 （管理係）	〒812-0013 福岡市博多区博多駅東2－10－7 福岡第2合同庁舎 Tel　092-471-6331（内4761）	福岡県、佐賀県、長崎県、熊本県、大分県、宮崎県、鹿児島県
内閣府　沖縄総合事務局 開発建設部　用地課 （港湾空港係）	〒900-0006 那覇市おもろまち2－1－1 那覇第二地方合同庁舎2号館 Tel　098-866-1902	沖縄県

登録申請実務等について（Q&A）

実務における一般的な運用をＱ＆Ａの形で紹介します。
　ただし、個別に判断を要する事案は、直接、申請窓口の担当者に問い合わせして下さい。

I　一般的事項

 会社設立初年度で、決算が確定していない段階で新規登録を申請する場合でも、貸借対照表等の提出が必要ですか。

 必要です。第一期決算期が未到来の場合は、貸借対照表は設立日現在で作成し、その他の財務諸表は、各書類の１頁目の適当な余白部分に、「第一期決算期未到来のため記載できない」と明記して下さい。

 入札資格審査等において、当社の登録を証明したいがどうすればよいですか。

 登録行政庁（各地方整備局等）から送られる登録に関する通知書の他、現況報告書、変更届出書の写しを活用して下さい。
　その場合、現況報告書及び変更届出書の提出に当たっては、正本の他、写しと返信用封筒を添付して下さい。国土交通省の確認済印を押印して返送されます。
（制定通知―２　「国、地方公共団体等の競争参加資格の審査の際、この規程による登録済みであることの確認及び各補償コンサルタントの業務内容等の確認には、建設大臣から各補償コンサルタントあて送付された登録等に関する通知書又は各補償コンサルタントの希望により確認を行った現況報告書若しくは変更届出書の写しを活用すること。」）

 登録申請書類等の調製は、どのようにすればよいですか。

 正本、写しともに、ホチキスとじでの調製（沖縄総合事務局提出については、袋とじ。）をして下さい。

Q4 添付する登記事項証明は原本が必要ですか。

A 新規登録申請、更新登録申請、変更届出（登記事項に係る変更）のいずれの場合も、発行から3か月以内の原本を添付して下さい。ただし、申請書等の写しに添付するものは、原本である必要はありません。

Q5 新規登録の申請から登録まで、どのくらいの期間がかかりますか。

A 登録行政庁（各地方整備局等）の事務処理状況によっても多少異なりますが、おおむね、1～3月以内に登録されています。ただし、申請内容に不備があった場合は、補正していただくための期間を見込む必要があります。

Q6 会社が合併する場合、登録は承継されますか。

A 登録を受けている法人が、合併による存続法人となる場合は、補償業務管理者の配置等、登録の要件を維持していることを前提として、登録は合併後も有効です。

登録を受けている法人が、合併により消滅する場合は、廃業届が必要です。（6頁Ⅱ－3．②参照）

Q7 個人事業を廃止し法人化する場合、登録は承継されますか。

A 個人と法人を、登録の主体として継続するものと認めていないので、登録は承継されません。したがって、個人事業の廃業届と法人の新規登録申請が必要となります。

Ⅱ 登録の要件

Q8 補償コンサルタントの更新登録申請に際し、直前決算の自己資本額が1,000万円未満の場合、登録更新を受けることができますか。

A 補償コンサルタント登録規程第3条第2項においては「補償コンサルタント業務に関する契約を履行するに足りる財産的基礎又は金銭的信用を有しないことが明らかな者でないこと」と規定されています。その具体的基準は、国土交通省土地・水資源局総務課長通達により「法人である場合、資本金500万円以上でかつ自己資本の額が1,000万円以上を満たす者であること、個人である場合は、自己資本の額が1,000万円以上を満たす者」と定められております。お尋ねのケースでは、上記規定に抵触しますので更新登録はできません。

したがって、資本金を増資する等、自己資本を1,000万円以上にする必要があります。この場合、通常の更新登録申請書の他に、
(1) 増資後の金額の記載された登記簿
(2) 現在の財務諸表（国土交通省様式）
(3) 議事録の写し（任意時点での財務諸表作成であるため、役員総会等により決算が企業の総意であることを確認するため）
(4) 直前決算以後の自己資本の改善を説明する書面（増資の額だけでは認めるに足らない場合）

また、直前決算後発注を受けた業務が完了し、その収入等により自己資本額が改善された場合は、
(1) 現在の財務諸表（国土交通省様式）
(2) 議事録の写し
(3) 直前決算以後の自己資本の改善を説明する書面

が必要になり、これらの任意決算資料により財産要件を審査することになります。

Q9 補償業務管理者となるために必要な実務経験は、補償コンサルタントの登録を受けていない企業での実務経験でも認められますか。

A 8部門（2頁を参照）の内の、該当する部門に係る業務の担当技術者としての実務経験であれば、原則として認められます。

ただし、起業者から直接請け負ったものの実務経験に限られますので、下請契約による実務経験を「補償業務管理者実務経歴書」に書くことはできません。

Q10 同時期に二つの業務に従事していた場合の実務経験は、それぞれ認められますか。

A 当該部門に係る補償業務に関する受託又は請負の契約期間のうち、直接従事した日数を積み上げて、1年は12月、365日として算定し、必要な基準（7年）を満たしている者を補償業務管理者とすることになります。実務上は、契約期間の内、担当した期間を従事した期間として整理しています。同時期に二つの業務を担当した場合、それぞれを実務経験として認められうるが、1日を2日と換算することはできません。実際には二つのうちのいずれかの業務に従事しているのですから、従事した実態に応じた期間を、それぞれの業務の実務経験期間として下さい。

Q11 起業者の職員としての公共用地実務経験は、補償業務全般に関する実務経験であるので個別にどの部門で何年かという計算は困難ですが、公共の実務経験と民間での受託業務に係る実務経験とを合わせることにより、補償業務管理者として認定を受けることはできますか。

A 補償業務管理者となる資格として、当該登録部門に係る補償業務に関し7年以上の実務の経験（登録規程第3条第1号イ）を求めている一方で、補償業務全般に関する指導監督的実務経験3年以上（総合補償部門においては、7年以上）を含む20年以上の実務の経験を有する者は、どの部門についても補償業務管理者と認定されるという取扱い（課長通知2(4)(5)）をしています。

この二つの基準を指標として、たとえば、特定の部門に係る実務経験年数、広範な公共用地実務経験年数及びこれらに加えて指導監督的実務経験年数を総合的に勘案することにより、当該部門に関しての必要な経験年数を満たすと認めうる場合があります。

ただし、資格の認定は、具体の申請に対する審査を通じて登録行政庁が判断することになりますので、疑問がある場合には、当該登録行政庁に、申請の内容に基づいて問い合わせする必要があります。

使用人数の記入方法について教えてください。

 以下の記載例を参考にして下さい。
(例)

社員の保有資格状況

No.	社員名	学校区分	保有資格種類
1	A	大学卒	a測量士
2	B	大学卒	a測量士、(d) 二級建築士、(g) その他 {(h) 補償業務管理士 (i 土地調査)}
3	C	大学卒	b測量士補、(c) 一級建築士、(g) その他 {(h) 補償業務管理士 (i 土地調査)}
4	D	大学卒	d二級建築士、(g) その他 {(h) 補償業務管理士 (j 物件)}
5	E	大学卒	e技術士補 (f 機械)、(g) その他 {(h) 補償業務管理士 (k 機械工作物)}
6	F	大学卒	g該当外資格
7	G	大学卒	gその他 {(h) 補償業務管理士 (l 事業損失)}
8	H	高等学校卒	b測量士補
9	I	高等学校卒	c一級建築士、(g) その他 {(h) 補償業務管理士 (j 物件・l 事業損失)}
10	J	高等学校卒	m-

高等学校卒業後、専門学校卒業は高等学校卒欄に該当します。

使 用 人 数 整 理 表

区分		学校区分	大学又は高等専門学校卒								高等学校卒			その他	合計
			A	B	C	D	E	F	G	記入値	H	I	記入値		
技術関係使用人数	a	測　量　士	a	a						2人			人	人	2人
	b	測　量　士　補			b					1	b		1		2
		不 動 産 鑑 定 士													
		不動産鑑定士補													
	c	一　級　建　築　士			(c)					(1)		c	1		1(1)
	d	二　級　建　築　士		(d)		d				1(1)					1(1)
		木　造　建　築　士													
		技　　術　　士													
		内訳 機　械　部　門								(　)			(　)	(　)	(　)
		電気・電子部門								(　)			(　)	(　)	(　)
	e	技　術　士　補					e			1					1
	f	内訳 機　械　部　門					(f)			(1)			(　)	(　)	(1)
		電気・電子部門								(　)			(　)	(　)	(　)
		公　認　会　計　士													
		公認会計士補													
		税　　理　　士													
	g	そ　の　他	(g)	(g)	(g)	(g)		g	g	2(4)		(g)	(1)		2(5)
	h	うち補償業務管理士		(h)	(h)	(h)	(h)		(h)	(5)		(h)	(1)		(6)
	i	土　地　調　査　部　門		(i)	(i)					(2)			(　)		(2)
		土　地　評　価　部　門								(　)			(　)		(　)
	j	内訳 物　件　部　門				(j)				(1)		(j)	(1)		(2)
	k	機 械 工 作 物 部 門					(k)			(1)			(　)		(1)
		営業補償・特殊補償部門								(　)			(　)		(　)
	l	事　業　損　失　部　門							(l)	(1)		(l)	(1)		(2)
		補　償　関　連　部　門								(　)			(　)		(　)
		総　合　補　償　部　門								(　)			(　)		(　)
		計								7			2	0	9
m	事 務 関 係 使 用 人 数									0	m		1	0	1
	合　　　　計									7			3	0	10

別記様式第４号（第４条関係）　　　　　　　　　　　　　　　　　　　　（用紙Ａ４）

使　用　人　数

区分		学校区分	大学又は高等専門学校卒	高等学校卒	その他	合計
技術関係使用人数		測　量　士	2人	人	人	2人
		測　量　士　補	1	1		2
		不　動　産　鑑　定　士				
		不　動　産　鑑　定　士　補				
		一　級　建　築　士	(1)	1		1(1)
		二　級　建　築　士	1(1)			1(1)
		木　造　建　築　士				
		技　術　士				
	内訳	機　械　部　門	(　)	(　)	(　)	(　)
		電　気・電　子　部　門	(　)	(　)	(　)	(　)
		技　術　士　補	1			1
	内訳	機　械　部　門	(1)	(　)	(　)	(1)
		電　気・電　子　部　門	(　)	(　)	(　)	(　)
		公　認　会　計　士				
		公　認　会　計　士　補				
		税　理　士				
		そ　の　他	2(4)	(1)		2(5)
	うち	補償業務管理士	(5)	(1)	(　)	(6)
	内訳	土　地　調　査　部　門	(2)	(　)	(　)	(2)
		土　地　評　価　部　門	(　)	(　)	(　)	(　)
		物　件　部　門	(1)	(1)	(　)	(2)
		機　械　工　作　物　部　門	(1)	(　)	(　)	(1)
		営業補償・特殊補償部門	(　)	(　)	(　)	(　)
		事　業　損　失　部　門	(1)	(1)	(　)	(2)
		補　償　関　連　部　門	(　)	(　)	(　)	(　)
		総　合　補　償　部　門	(　)	(　)	(　)	(　)
		計	7	2		9
事　務　関　係　使　用　人　数				1		1
合　　　　　　計			7	3		10

記載要領
1　補償業務に従事している使用人数を記載すること。
2　使用人とは、役員、職員を問わず、雇用期間を特に限定することなく雇用している者をいう。
3　「技術士」又は「技術士補」については、技術士又は技術士補で、技術士試験のうち機械部門又は電気・電子部門に合格した者を記載すること。
4　「その他」については、その内訳として、一般社団法人日本補償コンサルタント協会が付与する「補償業務管理士」の資格を有する者を記載すること。

　常勤を証明する書類はどのようなものですか。

　常勤を証明する書類として、健康保険被保険者証、後期高齢者医療被保険者証又は標準報酬決定通知書の写しとなっています。

Q14 補償コンサルタントの新規登録・更新登録申請書等に必要とされる健康保険被保険者証、後期高齢者医療被保険者証、標準報酬決定通知書の写しは申請書類といっしょに綴じ込みますか。

A 綴じ込む必要はありません。申請書とは別綴じにします。

Q15 役員の変更届において、変更届出書に記載する変更年月日とは、法務局に登記された日ですか。

A ここでいう変更年月日とは実際に変更が生じた日のことを指しています。したがって、株式会社の場合は株主総会において議決された日がこれにあたり、有限会社の場合は社員総会において議決された日がこれにあたります。

Q16 取締役から代表取締役に就任した場合、変更届出書に誓約書と略歴書を添付する必要がありますか。

A 不要です。誓約書と略歴書は新たに役員に就任した者がいる場合のみ添付します。

1
新規登録

1　新規登録

必要提出書類（綴じ込み順）

(1)	補償コンサルタント登録申請書	（様式第1号）	22
(2)	営業所、登録部門	（様式第1号別表）	23
(3)	補償業務経歴書	（様式第2号）	24
(4)	直前3年の各事業年度における事業収入金額	（様式第3号）	29
(5)	使用人数	（様式第4号）	30
(6)	補償業務管理者証明書	（様式第5号）	31
(7)	補償業務管理者実務経歴書	（様式第5号別表1）	32
(8)	指導監督的実務経歴書	（様式第5号別表2）	38
(9)	誓約書	（様式第6号）	39
(10)	登録申請者の略歴書	（様式第7号）	40
(11)—1	貸借対照表（法人の場合）	（様式第8号）	41
(11)—2	貸借対照表（個人の場合）	（様式第12号）	44
(12)—1	損益計算書（法人の場合）	（様式第9号）	46
(12)—2	損益計算書（個人の場合）	（様式第13号）	48
(13)	完成業務原価報告書		50
(14)	株主資本等変動計算書	（様式第10号）	51
(15)	注記表	（様式第11号）	54
(16)	登記事項証明書		59
(17)	営業の沿革	（様式第14号）	60
(18)	所属補償コンサルタント団体調書	（様式第15号）	61
(19)	補償業務管理者の常勤を証明する書類		62
(20)—1	補償業務管理者認定申請書 ［登録規程第3条第1号ロに該当する者の場合］	（別記様式第1号）	63
(20)—2	補償業務管理者実務経歴書（補償業務経験者） ［登録規程第3条第1号ロに該当する者の場合］	（別記様式第1号別表1）	64
(21)—1	補償業務管理者認定申請書 ［登録規程第3条第1号ただし書に該当する者の場合］	（別記様式第1号）	65
(21)—2	補償業務管理者実務経歴書（補償業務経験者） ［登録規程第3条第1号ただし書に該当する者の場合］	（別記様式第1号別表1）	66
(22)	補償コンサルタント業補償業務管理者認定研修修了証書（写し）、補償業務管理士資格証書（写し）及び現に有効である登録証（写し）		67

上記(20)—1、(20)—2、(21)—1、(21)—2、(22)は登録規程第3条第1号ただし書及び同規程第3条第1号ロの認定の申請に用いるが、この場合はこれらを別綴じにする。

〈書類の提出について〉

法人の場合は、(1)～(19)（(11)—2及び(12)—2を除く。）の書類をすべて提出する。
個人の場合は、(11)—1、(12)—1、(13)、(14)、(15)、(16)（営業に関し成年者と同一の行為能力を有しない未成年者であって、その法定代理人が法人である場合を除く。）の書類は不要です。
提出部数は**正本1通**（写しの返却が必要であれば正本の写しを含め2通）とし、袋綴じ（**割印**）の上提出する。
なお、手続き終了後申請者宛に通知書（A4サイズ）及び写しが返送されるので**返信用の封筒**（返信用切手貼付、所在地、宛名明記）を同封する。
書類提出先　申請者の本店所在地を管轄（所管区域）する北海道開発局、地方整備局又は沖縄総合事務局に提出する。（9頁を参照）

新規登録申請に必要な提出書類（綴じ込み順）

	提出書類名	登録規程等に基づく様式名（別記様式）	法人	個人	摘要
1	補償コンサルタント登録申請書	第1号	○	○	
2	営業所、登録部門	第1号別表	○	○	
3	補償業務経歴書	第2号	○	○	
4	直前3年の各事業年度における事業収入金額	第3号	○	○	
5	使用人数	第4号	○	○	
6	補償業務管理者証明書	第5号	○	○	
7	補償業務管理者実務経歴書（附則第2項該当者：実務経歴書に代えて検定試験合格証書・登録証・確認書）	第5号別表1	○	○	補償業務管理者となる者が登録規程第3条第1号イ及びただし書イに該当する者で申請する場合
8	指導監督的実務経歴書	第5号別表2	○	○	補償業務管理者となる者が登録規程第3条第1号ただし書イに該当する者で申請する場合
9	誓約書	第6号	○	○	
10	登録申請者の略歴書	第7号	○	○	
11	貸借対照表	第8号	○		
12	損益計算書	第9号	○		
13	完成業務原価報告書		○		
14	株主資本等変動計算書	第10号	○		
15	注記表	第11号	○		
16	貸借対照表（個人）	第12号		○	
17	損益計算書（個人）	第13号		○	
18	登記事項証明書		○※1		
19	営業の沿革	第14号	○	○	
20	所属補償コンサルタント団体調書	第15号	○	○	
21	補償業務管理者の常勤を証明する書類（標準報酬決定通知書又は交付1年以内の健康保険被保険者証・後期高齢者の場合は後期高齢者医療被保険者証及び資格喪失確認通知書）		○※2	○※2	
22	補償業務管理者認定申請書	別記様式第1号	○※2	○※2	補償業務管理者となる者が登録規程第3条第1号ロ及びただし書に該当する者で申請する場合
23	補償業務管理者実務経歴書（補償業務経験者）	別記様式第1号別表1	○※1	○※1	補償業務管理者となる者が登録規程第3条第1号ロ及びただし書に該当する者で申請する場合で、公共用地経験者による申請の場合
24	補償業務管理者認定研修修了証書・補償業務管理士資格証書・同登録証		○※2	○※2	補償業務管理者となる者が登録規程第3条第1号ロ及びただし書に該当する者で申請する場合で、補償業務管理士資格取得者による申請の場合
25	返信用封筒（返信用切手貼付、所在地・宛名明記）		○	○	

注1　表中の○印は届出に必要な書類を表す。
注2　表中の○印の右に「※1」印がある書類は、電子申請で手続きを行う場合において、郵送等で別に提出することを表す。
　　　表中の○印の右に「※2」印がある書類は、電子申請で手続きを行う場合において、PDFファイルで提出することを表す。
注3　補償業務管理者が複数部門登録する場合については、それぞれに該当する書類を提出する。
注4　表番号1〜20の書類、21の書類、22〜24の書類は、別々にホチキス留め等にて提出する。
注5　補償業務管理士の資格の登録を受けている者が補償業務管理者の大臣認定申請を行う場合に必要な書類は70〜80頁参照。

(1) 補償コンサルタント登録申請書

別記様式第1号(第4条関係) （用紙A4）

補償コンサルタント登録申請書

補償コンサルタント登録規程第4条第1項の規定により、補償コンサルタントの登録を申請します。

平成 26 年 7 月 1 日

東京都千代田区〇〇町〇丁目〇〇番〇〇号

関東地方整備局長　殿

申請者　株式会社 霞ヶ関補償コンサルタント　㊞
代表取締役　田中 一郎

（ふりがな）商号又は名称	かすみがせきほしょうこんさるたんと 株式会社 霞ヶ関補償コンサルタント	申請の区分	新規の登録・~~登録の更新~~
資本金額（出資総額を含む）	48,000 千円	現に受けている登録番号及び登録年月日	－ 平成　年　月　日

役員（業務を執行する社員、取締役、執行役又はこれらに準ずる者）の氏名及び役職名				他に営業を行っている場合は、その営業の種類
（ふりがな）氏名	役職名	（ふりがな）氏名	役職名	測量業 1級建築士事務所
たなか いちろう 田中 一郎	代表取締役			
よしだ じろう 吉田 二郎	取締役			
あおやま かずお 青山 和夫	取締役			
つきやま てるお 月山 照男	取締役			役員の他企業役員との兼務状況
ふるた かずなり 古田 一成	取締役			田中一郎　株式会社〇〇計画 取締役

営業所の名称及び所在地	別表のとおり	登録を受けようとする登録部門及び当該登録部門に係る補償業務の管理をつかさどる専任の者	別表のとおり
※登録番号	－	※登録年月日	平成　年　月　日

記載要領
1　※印のある欄は、記載しないこと。
2　「新規の登録・登録の更新」は、不要のものを消すこと。
3　「資本金額」の欄は、法人である場合に記載すること。
4　「役員の氏名及び役職名」の欄は、個人の場合は、本人及び支配人について記載すること。
5　「役員の他企業役員との兼務状況」の欄は、当該役員が他企業の役員を兼務している場合に、その企業名及び役職名を記載すること。

電話番号　03（0123）4567 番
取扱い責任者所属 氏名　総務課　佐藤春男

注釈：
- 本社が所在する地域を所管する
  ・北海道開発局
  ・地方整備局
  ・沖縄総合事務局
  の長を申請先として記載する。
- 提出日は必ず記載する。
- 申請者欄には、次の事項を記載し、捺印する。
  ① 法人の場合
  ・会社の所在地
  ・会社名及び会社印
  ・代表者氏名及び代表者印
  ② 個人の場合
  ・営業所の所在地
  ・名称
  ・本人の氏名及び個人印
- 補償業務以外の営業をいい、営業種目は、当該営業の内容を的確に表現した名称を記載する。
- 法人の場合には記載する。
- 当該役員が他企業の役員を兼務している場合には、その企業名及び役職名を記載する。
- ① 法人の場合
  登記事項証明書（履歴事項全部証明書）に記載されたすべての役員（監査役は除く）を記入する。全員書ききれないときは別紙に記載し、2枚目に綴じ込む。
  ② 個人の場合
  事業主本人及び支配人について記載する。
- 本申請に関する実務担当者の氏名を記載する。

1．新規登録　22

(2) 営業所、登録部門

別表						(用紙A4)
	営　　　業　　　所					
名　　称	(郵便番号)　　　所　在　地　　(電話番号)					
(主たる営業所)	株式会社 霞ヶ関補償コンサルタント　本社　東京都千代田区〇〇町〇丁目〇〇番〇〇号 TEL03-0123-4567　FAX03-0123-8910					
(その他の営業所)	株式会社 霞ヶ関補償コンサルタント　大阪支店　大阪府大阪市中央区△△町△丁目△△番△△号 TEL06-0123-4567　FAX06-0123-8910					
計　2　箇所						
登録を受けようとする登録部門	補償業務管理者の氏名	登録を受けようとする登録部門	補償業務管理者の氏名	登録を受けようとする登録部門	補償業務管理者の氏名	
(土地調査部門)	石田　一	(機械工作物部門)	秋吉　良二	補償関連部門		
土地評価部門		(営業補償部門特殊補償)	山田　一三	総合補償部門		
(物件部門)	谷川　秋一	(事業損失部門)	朝倉　謙三			

営業所欄は、本店及び補償コンサルタント業務に関する契約を締結する支店等（登記簿記載以外の営業所も含む。）を記載する。

その他の営業所が多数の場合は、「別紙のとおり」と記載し、別紙で一覧表を作成し、次頁に綴じる。

記載要領
1　「営業所」の欄は、本店又は常時補償業務に関する契約を締結する支店若しくは事務所を記載すること。
2　「登録を受けようとする登録部門」の欄は、該当するものを〇で囲み、「補償業務管理者の氏名」の欄は、当該登録部門に係る補償業務の管理をつかさどる専任の者で補償コンサルタント登録規程第3条第1号イ又はロに該当するもの（総合補償部門の登録を受けようとする場合においては、同条第1号ただし書に該当する者）の氏名を記載すること。

(3) 補償業務経歴書
① 土地調査部門

別記様式第2号(第4条関係) （用紙A4）

補償業務経歴書

登録部門の名称　土地調査部門

契約の相手方の名称	契約名	業務の内容	元請又は下請の別	契約金額	契約期間
国土交通省○○事務所	一般国道○○東バイパス○○地区用地調査業務	用地調査	元請	千円 1,200	自平成 24 年 1 月 15 日 至平成 24 年 3 月 30 日
○○市	市道○○線○○地区用地調査及び物件調査業務	用地調査	元請	千円 1,000	自平成 24 年 12 月 2 日 至平成 24 年 12 月 24 日
○○県○○土木事務所	県道○○線○○地区用地調査及び物件調査業務	用地調査	元請	千円 1,300	自平成 25 年 2 月 1 日 至平成 25 年 3 月 30 日
○○県○○土木事務所	○○川総合治水対策特定河川工事（○○地内）用地調査業務	用地調査	元請	千円 8,500	自平成 25 年 4 月 11 日 至平成 25 年 9 月 10 日
国土交通省○○事務所	一般国道○○東バイパス○○地区用地調査業務	用地調査	元請	千円 600	自平成 26 年 4 月 4 日 至平成 26 年 4 月 25 日

記載要領
1　この表は、登録を受けようとする登録部門ごとに、直前3年間の主な契約について、5件以内記入すること。
2　「元請」とは、補償コンサルタント以外の者から補償業務を受注した場合をいい、「下請」とは、他の補償コンサルタントから補償業務を受注した場合をいう。

業務経歴は、登録を受けようとする登録部門ごとに別葉にして、直前3年間の主な契約について5件以内を記載する。（現在、継続中の業務についても記載可）なお、実績がない場合は、「実績がないので記載できない」と記載する。

元請とは、土地収用法その他の法律により土地等を収用し、又は使用することができる事業を行う起業者から直接に業務を受注した場合をいう。

契約金額は、2部門以上一括して受注した場合には、当該登録部門に係る金額を記載する。

② 物件部門

別記様式第2号(第4条関係) （用紙Ａ４）

補 償 業 務 経 歴 書

登録部門の名称　物件部門

契約の相手方の名称	契約名	業務の内容	元請又は下請の別	契約金額	契約期間
国土交通省〇〇航空局	〇〇空港周辺移転補償土地調査及び建物調査業務	建物工作物調査	元請	千円 2,100	自平成 23 年 9 月 5 日 至平成 23 年 10 月 31 日
〇〇市	〇〇駅前道路用地に係る物件調査業務	工作物調査	元請	千円 800	自平成 24 年 11 月 1 日 至平成 24 年 12 月 5 日
〇〇〇機構〇〇ダム建設所	〇〇ダム建設に伴う移転等調査業務	建物工作物調査	元請	千円 2,850	自平成 25 年 5 月 1 日 至平成 25 年 8 月 10 日
〇〇県〇〇地方振興局	街路整備工事の内物件調査業務	建物調査	元請	千円 1,500	自平成 25 年 10 月 20 日 至平成 25 年 11 月 30 日
農林水産省〇〇農業水利事務所	〇〇ダム建設に伴う移転等調査業務	建物立木調査	元請	千円 1,100	自平成 26 年 2 月 20 日 至平成 26 年 3 月 26 日

記載要領
1　この表は、登録を受けようとする登録部門ごとに、直前3年間の主な契約について、5件以内記入すること。
2　「元請」とは、補償コンサルタント以外の者から補償業務を受注した場合をいい、「下請」とは、他の補償コンサルタントから補償業務を受注した場合をいう。

> 業務経歴一般、元請、契約金額の説明書は、①土地調査部門の頁を参照。

> 業務の内容は、建物、工作物、立木等、物件の内容について具体的に記載する。

1．新規登録

③ 機械工作物部門

別記様式第2号(第4条関係) （用紙A4）

補償業務経歴書

登録部門の名称　機械工作物部門

契約の相手方の名称	契約名	業務の内容	元請又は下請の別	契約金額	契約期間
○○県○○土木事務所	県道○○線建物調査積算業務○○修理工場	機械工作物調査積算	元請	千円 1,500	自平成 24 年 2 月 1 日 至平成 24 年 3 月 25 日
国土交通省○○事務所	○○交差点改良事業営業調査等積算業務	機械工作物調査積算	元請	千円 700	自平成 24 年 4 月 11 日 至平成 24 年 5 月 10 日
○○○機構○ダム建設所	○○ダム建設に伴う生コンプラント施設調査設計積算業務	機械工作物調査積算	元請	千円 1,200	自平成 25 年 5 月 10 日 至平成 25 年 7 月 20 日
国土交通省○○事務所	○○バイパス建物移転等設計積算業務	機械工作物調査積算	元請	千円 2,500	自平成 25 年 10 月 2 日 至平成 25 年 12 月 20 日
○○電力株式会社	○○発電所建設に伴う機械工作物調査業務委託	機械工作物調査積算	元請	千円 1,200	自平成 26 年 5 月 11 日 至平成 26 年 6 月 25 日

記載要領
1　この表は、登録を受けようとする登録部門ごとに、直前3年間の主な契約について、5件以内記入すること。
2　「元請」とは、補償コンサルタント以外の者から補償業務を受注した場合をいい、「下請」とは、他の補償コンサルタントから補償業務を受注した場合をいう。

> 業務経歴一般、元請、契約金額の説明書は、①土地調査部門の頁を参照。

④ 営業補償・特殊補償部門

別記様式第2号(第4条関係) (用紙A4)

補 償 業 務 経 歴 書

登録部門の名称　営業補償・特殊補償部門

契約の相手方の名称	契約名	業務の内容	元請又は下請の別	契約金額	契約期間
○○市	○○駅東口市街地再開発事業に伴う営業補償調査	営業調査	元請	千円 2,700	自平成 24 年 5 月 6 日 至平成 24 年 8 月 31 日
○○市	都市計画街路○○号線○○ホテル移転料算定業務	営業調査	元請	千円 1,300	自平成 25 年 1 月 10 日 至平成 25 年 3 月 10 日
○○高速道路株式会社○○工事事務所	○○横断自動車道○○地区○○生コンクリート移転工法調査	営業調査	元請	千円 1,850	自平成 25 年 5 月 10 日 至平成 25 年 7 月 20 日
○○県○○地方振興局	○○川河川改修に伴う漁業補償調査	特殊補償調査	元請	千円 1,500	自平成 25 年 10 月 2 日 至平成 25 年 12 月 20 日
○○県○○土木事務所	○○地区非木造建物等調査算定(○○材木店 他2件)	営業調査	元請	千円 4,750	自平成 26 年 4 月 11 日 至平成 26 年 6 月 24 日

記載要領
1　この表は、登録を受けようとする登録部門ごとに、直前3年間の主な契約について、5件以内記入すること。
2　「元請」とは、補償コンサルタント以外の者から補償業務を受注した場合をいい、「下請」とは、他の補償コンサルタントから補償業務を受注した場合をいう。

> 業務経歴一般、元請、契約金額の説明書は、①土地調査部門の頁を参照。

⑤ 事業損失部門

別記様式第2号(第4条関係) （用紙A4）

補償業務経歴書

登録部門の名称　事業損失部門

契約の相手方の名称	契約名	業務の内容	元請又は下請の別	契約金額	契約期間
国土交通省○○事務所	○○号線○○バイパス事業損失事前調査業務	日照阻害調査	元請	5,400 千円	自平成24年5月11日 至平成24年10月20日
○○県○○土木事務所	○○港湾改修施工前(建物)調査業務	建物損傷調査	元請	2,300 千円	自平成25年5月10日 至平成25年7月20日
○○県○○土木事務所	○○号線○○バイパス事業損失事後調査業務	電波障害調査	元請	2,400 千円	自平成25年10月2日 至平成26年1月25日
○○高速道路株式会社○○工事事務所	○○自動車道○○地区家屋影響事前調査業務	建物損傷調査	元請	980 千円	自平成26年2月1日 至平成26年2月23日
国土交通省○○事務所	○○川水系○○砂防堰堤工事事業損失事前調査業務	水枯渇調査	元請	3,400 千円	自平成26年5月11日 至平成26年6月24日

記載要領
1　この表は、登録を受けようとする登録部門ごとに、直前3年間の主な契約について、5件以内記入すること。
2　「元請」とは、補償コンサルタント以外の者から補償業務を受注した場合をいい、「下請」とは、他の補償コンサルタントから補償業務を受注した場合をいう。

> 業務経歴一般、元請、契約金額の説明書は、①土地調査部門の頁を参照。

> 建物損傷、日照阻害等、事業損失の種類を具体的に記載する

(4) 直前3年の各事業年度における事業収入金額

別記様式第3号（第4条関係）

(用紙A4)

直前3年の各事業年度における事業収入金額

(単位 千円)

事業年度	注文者の区分	登録部門 土地調査 部門	物件 部門	機械工作物 部門	営業補償・特殊補償 部門	事業損失 部門	部門	部門	登録部門以外の補償業務の事業収入金額	合計
自 平成 23年 4月 至 平成 24年 3月	官公庁	91,200	35,100	1,500	0	0	( )	( )	6,000	133,800
	民間（下請）	( )	( )	( )	( )	2,100	( )	( )	( )	2,100
	計	91,200	35,100	1,500	0	2,100	( )	( )	6,000	135,900
自 平成 24年 4月 至 平成 25年 3月	官公庁	83,000	29,000	1,100	4,900	5,400	( )	( )	2,100	125,500
	民間（下請）	( )	( )	( )	( )	( )	( )	( )	( )	( )
	計	83,000	29,000	1,100	4,900	5,400	( )	( )	2,100	125,500
自 平成 25年 4月 至 平成 26年 3月	官公庁	101,439	30,600	7,400	20,100	4,700	( )	( )	4,200	168,439
	民間（下請）	( )	( )	( )	( )	980	( )	( )	( )	980
	計	101,439	30,600	7,400	20,100	5,680	( )	( )	4,200	169,419
自 平成 年 月 至 平成 年 月	官公庁									
	民間（下請）	( )	( )	( )	( )	( )	( )	( )	( )	( )
	計									

記載要領

1 この表は、各事業年度の損益計算書における完成業務高中の登録部門ごとに係る業務に係る収入金額を記載すること。
2 受注した業務のうち下請によるものは「民間」に含めるとともに、さらに当該収入金額を（ ）内に記載すること。

注釈（吹き出し）

- 事業収入金額は、補償コンサルタント業務に係るもののみの金額をいう。
- 登録を受けようとする部門のみの記載する。
- 登録申請部門以外の補償コンサルタント業務の事業収入金額を記載する。
- 登録する部門の実績がない場合は、「実績がないので記載できない」と記載する。
- 下請とは、他の補償コンサルタントから補償業務を受注した場合をいう。（ ）書きとは、うち書きをとする。

（参考）補償コンサルタント登録規程に基づき提出する書類中の官公庁・民間の区分の定義

官公庁	① 国 ② 地方公共団体 ③ 独立行政法人（公社等を含む）
民間	官公庁以外の公共事業起業者から直接受託したものを上記に記載。（様式上段に記載） ① 鉄道会社 ② 高速道路株式会社 ・東京湾横断道路建設株式会社 ・東日本高速道路株式会社 ・西日本高速道路株式会社 ・本州四国連絡高速道路株式会社 ・首都高速道路株式会社 ・中日本高速道路株式会社 ・阪神高速道路株式会社 等 ③ 電力会社 ④ ＮＴＴ各社 ⑤ 空港会社 ・成田国際空港株式会社 ・関西国際空港株式会社 等 ⑥ その他の公共事業（収用法適格事業）起業者

- 合計の計は、損益計算書の完成業務の金額と一致する。

29 ｜ 1. 新規登録

(5) 使用人数

別記様式第4号（第4条関係） （用紙A4）

使 用 人 数

区　分			大　学　又　は 高等専門学校卒	高等学校卒	そ　の　他	合　　　計
技術関係使用人数	測　　　量　　　士		2 人	人	人	2 人
	測　　量　　士　　補		1	1		2
	不　動　産　鑑　定　士					
	不　動　産　鑑　定　士　補					
	一　　級　　建　　築　　士		(1)	1		1(1)
	二　　級　　建　　築　　士		1(1)			1(1)
	木　　造　　建　　築　　士					
	技　　　　術　　　　士					
	内訳	機　械　部　門	(　　　)	(　　　)	(　　　)	(　　　)
		電気・電子部門	(　　　)	(　　　)	(　　　)	(　　　)
	技　　　術　　　士　　　補		1			1
	内訳	機　械　部　門	(1)	(　　　)	(　　　)	(1)
		電気・電子部門	(　　　)	(　　　)	(　　　)	(　　　)
	公　　認　　会　　計　　士					
	公　　認　会　計　士　補					
	税　　　　理　　　　士					
	そ　　　　の　　　　他		3(4)	(1)		3(5)
	うち補償業務管理士		(6)	(1)	(　　　)	(7)
	内訳	土　地　調　査　部　門	(2)	(　　　)	(　　　)	(2)
		土　地　評　価　部　門	(　　　)	(　　　)	(　　　)	(　　　)
		物　　件　　部　　門	(1)	(1)	(　　　)	(2)
		機　械　工　作　物　部　門	(1)	(　　　)	(　　　)	(1)
		営業補償・特殊補償部門	(　　　)	(　　　)	(　　　)	(　　　)
		事　業　損　失　部　門	(1)	(1)	(　　　)	(2)
		補　償　関　連　部　門	(1)	(　　　)	(　　　)	(1)
		総　合　補　償　部　門	(1)	(　　　)	(　　　)	(1)
計			8	2	0	10
事　務　関　係　使　用　人　数			0	1	0	1
合　　　　　　計			8	3	0	11

記載要領
1　補償業務に従事している使用人数を記載すること。
2　使用人とは、役員、職員を問わず、雇用期間を特に限定することなく雇用している者をいう。
3　「技術士」又は「技術士補」については、技術士又は技術士補で、技術士試験のうち機械部門又は電気・電子部門に合格した者を記載すること。
4　「その他」については、その内訳として、一般社団法人日本補償コンサルタント協会が付与する「補償業務管理士」の資格を有する者を記載すること。

※注記（欄外）：
- 使用人数は、主として補償業務に従事している者（補償業務に従事する役員を含む。）のみを記載する。
- 1人で2以上の資格を有する場合には、資格区分欄に記載されている上位の資格（最上位「測量士」から最下位「その他」までの順序をいう。）を裸書きとし、他の資格は（　）書きとすること。例えば、一級建築士と補償業務管理士（2部門取得）の資格を有する者（高等学校卒）は左記のように記載する。
- 区分欄に記載されている資格以外の国家資格者及び補償業務管理士の人数を記載する。
- 補償業務管理士の実人員を記載する。
- 「補償業務管理士」の部門別内訳は、該当する部門資格を有する者の延人数を（　）内に記載する。
- 補償業務に従事している「7年以上の実務経験を有することにより補償業務管理者として認定された者」及び「資格を有していない者」の数を記載する。
- 「計」、「事務関係使用人数」及び「合計」欄には、実人員のみを記載し、（　）書きはしない。

(6) 補償業務管理者証明書

別記様式第5号(第4条関係) （用紙A4）

補償業務管理者証明書

　下記のとおり、登録を受けようとする登録部門に係る補償業務の管理をつかさどる専任の者で補償コンサルタント登録規程第3条第1号イ又はロに該当するもの（総合補償部門の登録を受けようとする場合においては、同条第1号ただし書に該当する者）を置いていることに相違ありません。

平成 26 年 6 月 25 日

申請者　東京都千代田区〇〇町〇丁目〇〇番〇〇号
　　　　株式会社 霞ヶ関補償コンサルタント　㊞
　　　　代表取締役　田中 一郎

関東地方整備局長　殿

記

登録を受けようとする登録部門	（ふりがな）補償業務管理者の氏名（生年月日）	実務経験年数／指導監督的実務の経験年数	区分
土地調査	（いしだはじめ）石田 一（昭和35年8月15日）	8年5月	㋑ ロ
土地評価		年 月	イ ロ
物件	（たにだよしのり）谷田 芳則（昭和32年2月5日）	7年9月	㋑ ロ
機械工作物	（あきよしりょうじ）秋吉 良二（昭和19年8月9日）	年 月	イ ㋺
営業補償・特殊補償	（やまだかずみ）山田 一三（昭和32年5月5日）	年 月	イ ㋺
事業損失	（あさくらけんぞう）朝倉 謙三（昭和30年11月15日）	9年3月	㋑ ロ
補償関連		年 月	イ ロ
総合補償		年 月／年 月	イ ロ

実務経験の内訳は別表1のとおり。
指導監督的実務の経験の内訳は別表2のとおり。

記載要領
1 「区分」の欄は、補償コンサルタント登録規程第3条第1号イに該当する者についてはイ、同号ロに該当する者についてはロを〇で囲むこと。ただし、総合補償部門の登録を受けようとする者にあっては、当該登録部門に係る補償業務の管理をつかさどる専任の者で、当該登録部門に係る補償業務に関し7年以上の実務経験を有する者であって補償業務に関し5年以上の指導監督的実務の経験を有するものについてはイ、これと同程度の実務の経験を有するものとして国土交通大臣が認定した者についてはロを〇で囲むこと。
2 総合補償部門の登録を受けようとする者は、実務経験年数及び指導監督的実務の経験年数を記載すること。

申請者欄には、次の事項を記載し、捺印する。
① 法人の場合
・会社の所在地
・会社名及び会社印
・代表者氏名及び代表者印
② 個人の場合
・営業所の所在地
・名称
・本人の氏名及び個人印

区分欄のイ・ロの区分
・イに該当する者
　登録部門に係る補償業務に関し7年以上の実務経験を有する者
・ロに該当する者
(1) 国家公務員又は地方公務員等として補償業務全般に関する指導監督的実務の経験3年以上を含む20年以上の実務経験を有する者
(2) 補償業務管理士の資格を有する者で、財団法人公共用地補償機構の行う「補償コンサルタント業補償業務管理者認定研修」を修了した者は登録部門に関わらず起業者である発注者から直接に受託若しくは請け負った補償業務に関し（課長通知2(2)）と同様の算定による7年以上の実務の経験を有する者、補償業務全般に関し20年以上の実務の経験を有する者又は（課長通知2(2)）若しくは（課長通知2(4)）の指導監督的実務の経験を有する者

登録規程第3条第1号イに該当する者については、「補償業務管理者実務経歴書」の実務経験年数欄の合計の年数を記載する。
同号ロに該当する者については、年数を記載せず、空欄とする。

(7) 補償業務管理者実務経歴書

① 土地調査部門

別表1
[土地調査部門]　　　（用紙A4）

補 償 業 務 管 理 者 実 務 経 歴 書

補償業務管理者の氏名	石田 一	住所	○○市○○町○丁目○番○○号	

期 間	実務経験年数	実務の内容	経験の内容	契約の相手方の名称	契約金額
自 平成24年 7月 至 平成24年 8月	年 0.5月	株式会社霞ヶ関補償コンサルタント ○○川河川改修工事（○○地内）用地測量業務（用地調査含む。） S=5,000㎡	担当者	○○県土木事務所	1,500千円のうち 用地調査 400千円
自 平成24年 7月 至 平成24年 8月	年 0.7月	○○県（○○地内）交通安全対策工事用地調査業務 S=13,000㎡	担当者	○○県○○土木事務所	700千円
自 平成24年 9月 至 平成24年11月	年 1月	○○市○○水路測量業務（用地調査） S=20,000㎡	担当者	○○市	1,300千円
自 平成24年10月 至 平成24年12月	年 1.5月	○○県道路改良工事（○○地内）用地調査業務 S=40,000㎡	担当者	○○県 ○○地方振興局	2,000千円
自 平成25年 1月 至 平成25年 4月	年 1.3月	株式会社霞ヶ関補償コンサルタント ○○川河川改修工事（○○地内）用地調査業務　S=10,000㎡	主任技術者	○○県 ○○地方振興局	1,500千円
自 平成25年 4月 至 平成25年 9月	年 3.5月	○○川総合治水対策特定河川工事（○○地内）用地調査業務 S=90,000㎡	主任技術者	○○県 ○○地方振興局	6,000千円
自 平成25年 9月 至 平成25年10月	年 0.5月	○○県道路改良工事（○○地内）用地調査業務 S=4,000㎡	主任技術者	○○県 ○○土木事務所	600千円
合 計	8年 2月 （9月）				

証明を得ることができない場合	その理由	

上記の者は、上記のとおり実務の経験を有することに相違ないことを証明します。

平成 ○○年 ○月 ○○日

証明者　東京都千代田区○○町○丁目○○番○○号
　　　　株式会社霞ヶ関補償コンサルタント
　　　　代表取締役　田中 一郎　㊞

証明者と被証明者 との関係	社　員

記載要領
1 「実務の内容」の欄は、企業名、職名、本人が従事した補償業務について、契約名、規模、本人の役割等について具体的に記載すること。
2 証明者ごとに作成すること。

注釈（右側）：

- 補償業務管理者証明書の区分で「イ」に該当する者としたい場合に、本実務経歴書を作成する。
- 本実務経歴書は、受注した契約ごとに記載する。下請業務は、本経歴に入らないので記述できない。
- 登録申請部門名を記載する。
- 期間は、契約期間を記載する。
- 実務経験年数は、契約期間のうち、当該業務に本人が直接従事した日数を合計し、30日を1月、20日を0.7月、15日を0.5月、10日を0.3月として記載する。申請部門を他の部門の業務と一括受注した場合は、申請部門に係る従事期間で算定する。
- 同じ「期間」に重複する契約がある場合、暦年（こよみとしの1年間）で補償業務の通算期間が1年間を超えることはできない。
- 各頁ごとに小計を記載する。

（次頁に続く）

② **物件部門**

別表1
[物 件 部 門]   (用紙A4)

補 償 業 務 管 理 者 実 務 経 歴 書

補償業務管理者の氏名	谷 川 秋 一	住 所	○○市○○町○丁目○番○○号		
期 間	実務経験年数	業 務 の 内 容	実 務 経 験 の 内 容	契約の相手方の名称	契 約 金 額
自 平成24年 7月 至 平成24年 8月	年 0.5月	株式会社費ヶ関補償コンサルタント 補償課係員 (以下同じ。) ○○川河川改修工事 (○○地内) 建物調査業務 建物 2棟 300㎡	担当者	○○県 ○○地方振興局	400千円
自 平成24年 8月 至 平成24年 9月	年 1月	都市計画街路事業○○線道路改良工事用地調査業務 (建物調査) 建物 5棟 600㎡	担当者	○○県 ○○地方振興局	18,000千円のうち 建物調査 900千円
自 平成24年 10月 至 平成24年 11月	年 1.5月	○○線 (○○地内) 道路改良工事 建物調査業務 建物 7棟 900㎡	担当者	国土交通省 ○○○○事務所	2,000千円
自 平成24年 12月 至 平成25年 2月	年 2月	○○地区道路改良工事○○路線 物件補償調査業務 建物 10棟 1,200㎡	担当者	○○県 ○○土木事務所	3,000千円
自 平成25年 9月 至 平成25年 12月	年 2.5月	○○ダム建設に伴う移転等家屋調査業務 建物 18棟 1,900㎡	担当者	農林水産省 ○○農業水利事務所	5,000千円
自 平成26年 2月 至 平成26年 4月	年 1月	株式会社費ヶ関補償コンサルタント 補償課長 (以下同じ。) 国道○○号線○○地区改良工事 建物等移転調査 建物 12棟	主任技術者	○○県 ○○土木事務所	1,100千円
自 平成26年 5月 至 平成26年 6月	年 0.7月	都市計画街路事業○○線道路改良工事用地調査業務 (建物調査) 建物 4棟 450㎡	主任技術者	○○県 ○○土木事務所	10,000千円のうち 建物調査 700千円
合 計	(9.2月) 8年 4月				
証明を得ることができない場合	その理由				

上記の者が、上記のとおり実務の経験を有することに相違ないことを証明します。

平成 ○○年 ○月 ○○日

証明者 東京都千代田区○○町○丁目○○番○○号
株式会社費ヶ関補償コンサルタント
代表取締役 田中 一郎 ㊞

証明者と被証明者との関係	社 員

記載要領
1 「実務の内容」の欄は、企業名、職名、本人が従事した補償業務について、契約名、規模、本人の業務上の役割等について具体的に記載すること。
2 証明者ごとに作成すること。

③ 機械工作物部門

別表1
[機械工作物部門]

補償業務管理者実務経歴書

(用紙A4)

補償業務管理者の氏名	○○ ○○		住所	○○市○○町○丁目○番○○号	
期 間	実務経験年数	実務経験の内容		契約の相手方の名称	金 額
		業務の名称	業務内容		
自 平成24年 3月 至 平成24年 5月	年 2月	株式会社霞ヶ関補償コンサルタント 調査係長 (以下同じ) 市道○○号線道路改良工事 機械工作物調査算定業務 担当者		○○県 ○○土木事務所	4,500千円
自 平成24年 5月 至 平成24年 9月	年 3月	一般国道○○号線○○地区改良工事 機械工作物調査算定業務 担当者 化学工場 機械施設 4,200㎡		国土交通省 ○○○○事務所	6,000千円
自 平成24年 9月 至 平成24年10月	年 0.7月	○○ダム建設に伴う付替道路工事機械工作物調査業務 採石プラント設備		○○○機構 ○○建設事務所	900千円
自 平成24年12月 至 平成25年 2月	年 1月	林道○○線改築工事 機械工作物調査算定業務 担当者 製材機械設備		○○県 ○○振興局	1,500千円
自 平成25年 1月 至 平成25年 3月	年 2月	市道○○線(○○地区)改築工事 物件等調査算定業務 担当者 自動車整備工場施設		○○県 ○○地方振興局	4,000千円
自 平成25年 5月 至 平成25年 7月	年 1.5月	都市計画街路○○線(○○地区)改築工事 機械工作物調査算定業務 担当者 病院検査設備		国土交通省 ○○地方振興局	4,200千円
自 平成25年 7月 至 平成25年 8月	年 1.3月	一般国道○○号線○○地区改良工事 機械工作物調査算定業務 担当者 米穀加工販売工場設備		○○県 ○○○○事務所	2,600千円
合 計	(11年5月) 9年2月				

上記の者は、上記のとおり実務の経験を有することに相違ないことを証明します。

平成 ○○年 ○月 ○○日

証明者 東京都千代田区霞ヶ関○○町○丁目○○番○○号
株式会社 霞ヶ関補償コンサルタント ㊞
代表取締役 田中 一郎

証明を得ることができない場合	その理由		証明者と被証明者との関係	社 員

記載要領
1 「実務の内容」の欄は、企業名、職名、本人が従事した補償業務について、契約名、職名、規模、本人の業務上の役割等について具体的に記載すること。
2 証明者ごとに作成すること。

④ 営業補償・特殊補償部門

別表1
[営業補償・特殊補償部門]

（用紙A4）

補償業務管理者実務経歴書

補償業務管理者の氏名	○○ ○○	住所 ○○市○○町○丁目○番○○号		
期 間	実務経験年数	実務の内容	契約の相手方の名称	契約金額
		業務の内容	経験の内容	
自 平成24年 5月 至 平成24年 5月	年 0.5月	株式会社霞ヶ関補償コンサルタント 補償課係員（以下同じ。） 都市計画街路○○線道路改良工事営業補償調査 小売店 3件 120㎡	○○県 ○○土木事務所 担当者	450千円
自 平成24年 5月 至 平成24年 6月	年 0.7月	○○線（○○地内）道路改良工事 物件調査及び営業補償調査 小売店 4件 310㎡	○○市 担当者	1,700千円のうち 営業補償 800千円
自 平成24年 7月 至 平成24年 8月	年 1月	国道○○号（○○地内）道路改良工事 営業補償調査 自動車整備工場 1件 900㎡	国土交通省 ○○工事事務所 担当者	950千円
自 平成24年 9月 至 平成24年11月	年 1.5月	○○川河川改修工事 特殊補償(漁業補償)調査	○○県 ○○地方振興局 担当者	1,600千円
自 平成24年12月 至 平成25年 2月	年 2月	○○市街地開発事業に伴う営業補償調査 冷凍倉庫他2件 700㎡	○○県 ○○地方振興局 担当者	2,300千円
自 平成25年 5月 至 平成25年 8月	年 2.5月	○○駅市街地再開発事業に伴う営業補償調査 洋菓店他5件 1,000㎡	○○市 担当者	2,900千円
自 平成25年 9月 至 平成25年 9月	年 0.7月	○○線（○○地内）道路改良工事 営業補償調査 小売店 2件 180㎡	○○県 ○○土木事務所 担当者	550千円
合 計	9年 7月 （8.9月）			
証明を得ることができない場合	その理由			

上記の者は、上記のとおり実務の経験を有することに相違ないことを証明します。

平成 ○○年 ○月 ○○日

証明者 東京都千代田区○○町○丁目○○番○○号
　　　　株式会社霞ヶ関補償コンサルタント
　　　　代表取締役 田中 一郎 ㊞

証明者と被証明者との関係	社 員

記載要領
1 「業務の内容」の欄は、企業名、職名、本人が従事した補償業務について、契約名、本人の業務上の役割等について具体的に記載すること。
2 証明者ごとに作成すること。

⑤ **事業損失部門**

別表1
[事業損失部門]

(用紙A4)

補償業務管理者実務経歴書

| 補償業務管理者の氏名 | 朝倉 謙三 | 住所 | ○○市○○町○丁目○○番○○号 |

期 間	実務経験年数	業務名	実務の内容	契約の相手方の名称	契約金額
自 平成24年2月 至 平成24年4月	年 1.3月	株式会社霞ヶ関補償コンサルタント 調査第2部長(以下同じ。) ○○港湾改修工事 建物等事前調査業務 主任技術者 建物12棟 1,600㎡		○○県 ○○地方振興局	1,700千円
自 平成24年5月 至 平成24年8月	年 2.5月	○○川水系○○砂防堰堤工事 水枯渇補償算定業務 主任技術者 30棟		国土交通省 ○○○○事務所	4,600千円
自 平成24年7月 至 平成24年10月	年 1.7月	高速自動車国道○○線高架橋建設工事に伴う受信障害影響事 前調査業務 200棟 主任技術者		○○高速道路㈱ ○○工事事務所	2,400千円
自 平成24年11月 至 平成25年1月	年 0.7月	○○川激甚災害対策特別緊急事業家屋事前調査業務 建物 8棟 1,200㎡ 主任技術者		○○県 ○○地方振興局	1,200千円
自 平成25年1月 至 平成25年3月	年 1月	都市計画街路事業○○線道路改良工事日照阻害調査算定業務 建物 5棟 主任技術者		○○県 ○○土木事務所	1,800千円
自 平成25年5月 至 平成25年6月	年 0.5月	国道○○号線○○地区家屋事前・事後調査業務 建物 3棟 280㎡ 主任技術者		国土交通省 ○○○○事務所	700千円
自 平成25年7月 至 平成25年7月	年 0.5月	広域農道○○線拡幅工事家屋等事前調査業務 建物2棟 180㎡ 主任技術者		○○県 ○○地方振興局	600千円
合 計	10年7月 (8.2月)				

| 証明を得ることができない場合 | その他の理由 | |

上記の者は、上記のとおり実務の経験を有することに相違ないことを証明します。

平成○○年 ○月 ○○日

証明者 東京都千代田区○○町○丁目○○番○○号
株式会社霞ヶ関補償コンサルタント ㊞
代表取締役 田中 一郎

| 証明者と被証明者との関係 | 社 員 |

記載要領
1 「業務の内容」の欄は、企業名、職名、本人が従事した補償業務について、契約名、規模、本人の業務上の役割等について具体的に記載すること。
2 証明者ごとに作成すること。

⑥ 総合補償部門

別表1
[総合補償部門]

補償業務管理者実務経歴書

(用紙A4)

補償業務管理者の氏名：
住所：

実務経験年数	期間	実務の内容	経験の内容		
		業務の内容	契約の相手方の名称	契約金額	
年　月	自平成　年　月 至平成　年　月				
年　月	自平成　年　月 至平成　年　月				
年　月	自平成　年　月 至平成　年　月				
年　月	自平成　年　月 至平成　年　月				
年　月	自平成　年　月 至平成　年　月				
年　月	自平成　年　月 至平成　年　月				
年　月	自平成　年　月 至平成　年　月				
年　月	自平成　年　月 至平成　年　月				
合　計					

上記の者は、上記のとおり実務の経験を有することに相違ないことを証明します。

平成　年　月　日

証明者

証明者と被証明者との関係	

証明を得ることができない場合	その理由

記載要領
1 「業務の内容」の欄は、企業名、職名、本人が従事した補償業務について、契約名、規模、本人の業務上の役割等について具体的に記載すること。
2 証明者ごとに作成すること。

(8) 指導監督的実務経歴書

別表2

(用紙A4)

指導監督的実務経歴書

氏 名　　　　　　　　住 所

期		指導監督的実務経験年数	指導監督的実務経験の内容				
			業務の内容	業務上の役割	業務経験の内容	契約の相手方の名称	契約金額
自 平成	年 月	年 月					
至 平成	年 月						
自 平成	年 月	年 月					
至 平成	年 月						
自 平成	年 月	年 月					
至 平成	年 月						
自 平成	年 月	年 月					
至 平成	年 月						
自 平成	年 月	年 月					
至 平成	年 月						
自 平成	年 月	年 月					
至 平成	年 月						
自 平成	年 月	年 月					
至 平成	年 月						
合 計		年 月					

上記の者は、上記のとおり指導監督的実務の経験を有することに相違ないことを証明します。

平成 〇〇年 〇月 〇〇日

証明者　　　　　　　　　㊞

証明者と被証明者との関係

証明を得ることができない場合	その理由

記載要領
1 「業務の内容」の欄は、企業名、職名、本人が従事した補償業務について、契約名、登録部門、規模等について具体的に記載すること。
2 「業務上の役割」の欄は、主任担当者等当該補償業務に係る業務上の立場の名称を記載すること。
3 証明者ごとに作成すること。

(9) **誓約書**

別記様式第6号(第4条関係) 　　　　　　　　　　　　　　　　　(用紙A4)

誓　　約　　書

　申請者並びに申請者の役員、支配人、法定代理人及び法定代理人の役員は、補償コンサルタント登録規程第6条第1項各号のいずれにも該当しない者であることを誓約します。

　　　平成 26 年 6 月 25 日　　　　　　　　　　　　——→ 誓約した年月日を記載する。

　　　　　　　　　　　東京都千代田区〇〇町〇丁目〇〇
　　　　　　　　　　　番〇〇号
　　　　　　申請者　株式会社 霞ヶ関補償コンサルタント　㊞
　　　　　　　　　　代表取締役　田中　一郎

申請者欄には、次の事項を記載し、捺印する。
①法人の場合
・会社の所在地
・会社名及び会社印
・代表者氏名及び代表者印
②個人の場合
・営業所の所在地
・名称
・本人の氏名及び個人印

　関東地方整備局長　殿

⑽ 登録申請者の略歴書

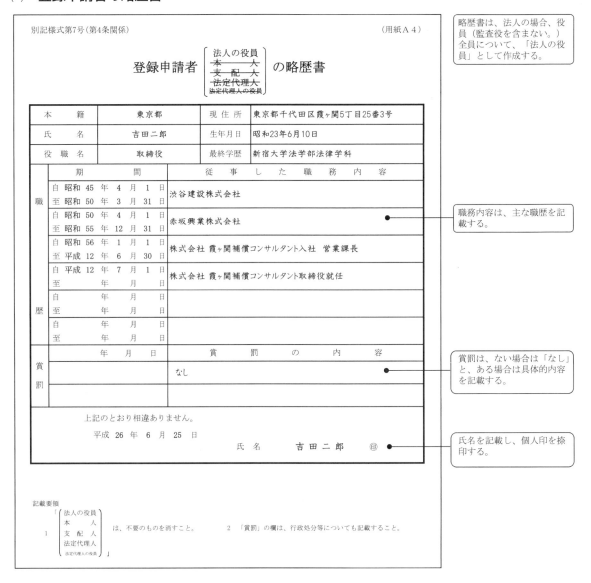

⑾-1　貸借対照表（法人）

別記様式第8号(第4条関係) （法人の場合）（用紙A4）

> 様式に定めのない科目がある場合は、科目の間の余白を利用して記載する。

貸　借　対　照　表
平成 26 年 3 月 31 日 現在

> 決算年月日を記載する。

（会社名）
株式会社 霞ヶ関補償コンサルタント

資　産　の　部

> 千円単位をもって表示すること。千円未満の金額は、切り捨て又は四捨五入して記載する。
> 従って、千円単位で記載した各科目の内訳を合算した場合、合計と一致しなくともよい。ただし、会社法第2条第6号に規定する大会社にあっては、百万円単位をもって表示することができる。この場合、「千円」とあるのは「百万円」として記載する。

			千円
Ⅰ　流動資産			
現　金　預　金			665,178
受　取　手　形			
完成業務未収入金			173,950
有　価　証　券			
未成業務支出金			
貯　　蔵　　品			100,450
短　期　貸　付　金			
前　払　費　用			1,475
未　収　収　益			
繰　延　税　金　資　産			2,425
そ　の　他			13,941
貸　倒　引　当　金		△	1,300
流動資産合計			956,119　①
Ⅱ　固定資産			
(1) 有形固定資産			
建　物　・　構　築　物	336,797		
減価償却累計額	△　200,554		136,243
機　械　・　運　搬　具	19,651		
減価償却累計額	△　15,532		4,119
工　具　器　具　・　備　品	34,044		
減価償却累計額	△　24,330		9,714
土　　　　地			122,900
リ　ー　ス　資　産	254		
減価償却累計額	△　18		236
建　設　仮　勘　定			
そ　の　他	1,000		
減価償却累計額	△　400		600
有形固定資産合計			273,812　②
(2) 無形固定資産			
特　許　権			
実　用　新　案　権			
著　作　権			
借　地　権			
の　れ　ん			
リ　ー　ス　資　産			
そ　の　他			2,040
無形固定資産合計			2,040　③
(3) 投資その他の資産			
投　資　有　価　証　券			73,964
関係会社株式・関係会社出資金			27,471
長　期　貸　付　金			2,763
破　産　更　生　債　権　等			
長　期　前　払　費　用			10,764
繰　延　税　金　資　産			
そ　の　他			46,050
貸　倒　引　当　金		△	5,800
投資その他の資産合計			155,212　④
固定資産合計			431,064　⑤

⑤＝②＋③＋④

41　1.　新規登録

Ⅲ 繰 延 資 産
　　創　　立　　費　　　　　　　　　　　-------------
　　開　　業　　費　　　　　　　　　　　-------------
　　株 式 交 付 費　　　　　　　　　　　-------------
　　社 債 発 行 費　　　　　　　　　　　-------------
　　開　　発　　費　　　　　　　　　13,816
　　　　繰 延 資 産 合 計　　　　　　13,816　　⑥
　　　　資　産　合　計　　　　　　1,400,999　　⑦　　⑦＝①＋⑤＋⑥

　　　　　　　　　　　負　債　の　部

Ⅰ 流 動 負 債
　　支　払　手　形　　　　　　　　　　-------------
　　業 務 未 払 金　　　　　　　　　　-------------
　　短 期 借 入 金　　　　　　　　　　-------------
　　リ ー ス 債 務　　　　　　　　　　-------------
　　未　　払　　金　　　　　　　　　201,252
　　未　払　費　用　　　　　　　　　224,067
　　未 成 業 務 受 入 金　　　　　　　-------------
　　預　　り　　金　　　　　　　　　 22,340
　　前　受　収　益　　　　　　　　　289,605
　　未 払 法 人 税 等　　　　　　　　 26,640
　　完成業務補償引当金　　　　　　　 -------------
　　繰 延 税 金 負 債　　　　　　　　-------------
　　そ　の　他　　　　　　　　　　　 16,976
　　　　流 動 負 債 合 計　　　　　780,880　　⑧

Ⅱ 固 定 負 債
　　社　　　　　債　　　　　　　　　　-------------
　　長 期 借 入 金　　　　　　　　　193,990
　　リ ー ス 債 務　　　　　　　　　　-------------
　　退 職 給 与 引 当 金　　　　　　　 4,780
　　負 の の れ ん　　　　　　　　　　-------------
　　繰 延 税 金 負 債　　　　　　　　-------------
　　そ　の　他　　　　　　　　　　　 -------------
　　　　固 定 負 債 合 計　　　　　198,770　　⑨
　　　　負　債　合　計　　　　　　979,650　　⑩　　⑩＝⑧＋⑨

　　　　　　　　　　　純 資 産 の 部

Ⅰ 株 主 資 本
(1) 資　本　金　　　　　　　　　　　48,000　　⑪
(2) 新株式申込証拠金　　　　　　　　　　　　　　⑫
(3) 資本剰余金
　　資 本 準 備 金　　　　　　　　　16,124
　　その他資本剰余金　　　　　　　　-------------
　　　資 本 剰 余 金 合 計　　　　　16,124　　⑬
(4) 利益剰余金
　　利 益 準 備 金　　　　　　　　　-------------　　㋑
　　その他利益剰余金
　　　　準 備 金　　　　　　　　　　-------------　　㋺
　　　　積 立 金　　　　　　　　　270,000　　㋩
　　　繰越利益剰余金　　　　　　　 87,525　　㋥
　　　利 益 剰 余 金 合 計　　　　357,525　　⑭　　⑭＝㋑＋㋺＋㋩＋㋥
(5) 自　己　株　式　　　　　　　△　　300　　⑮

(6) 自己株式申込証拠金	--------------	⑯
株 主 資 本 合 計	421,349	⑰　⑰＝⑪＋⑫＋⑬＋⑭－⑮＋⑯

Ⅱ 評価・換算差額等

(1) その他有価証券評価差額金	--------------	⑱
(2) 繰延ヘッジ損益	--------------	⑲
(3) 土地再評価差額金	--------------	⑳
評価・換算差額等合計	--------------	㉑　㉑＝⑱＋⑲＋⑳

Ⅲ 新株予約権

	--------------	㉒
純 資 産 合 計	421,349	㉓　㉓＝⑰＋㉑＋㉒
負債・純資産合計	1,400,999	㉔　㉔＝⑩＋㉓＝⑦

記載要領
1　貸借対照表は、一般に公正妥当と認められる企業会計の基準その他の企業会計の慣行をしん酌し、会社の財産の状態を正確に判断することができるよう明瞭に記載すること。
2　記載すべき金額は、千円単位をもって表示すること。ただし、会社法（平成17年法律第86号）第２条第６号に規定する大会社にあつては、百万円単位をもって表示することができる。この場合、「千円」とあるのは「百万円」として記載すること。
3　金額の記載に当たつて有効数字がない場合においては、科目の記載を要しない。
4　「流動資産」、「有形固定資産」、「無形固定資産」、「投資その他の資産」、「流動負債」又は「固定負債」に属する科目の掲記が「その他」のみである場合においては、科目の記載を要しない。
5　補償業務以外の事業を併せて営む場合においては、当該事業の営業取引に係る資産についてその内容を示す適当な科目をもって記載すること
　　ただし、当該資産の金額が資産の総額の100分の１以下のものについては、同一の性格の科目に含めて記載することができる。
6　流動資産の「有価証券」又は「その他」に属する親会社株式の金額が資産の総額の100分の１を超えるときは、「親会社株式」の科目をもって記載すること。投資その他の資産の「関係会社株式・関係会社出資金」に属する親会社株式についても同様に、投資その他の資産に「親会社株式」の科目をもって記載すること。
7　「流動資産」、「有形固定資産」、「無形固定資産」又は「投資その他の資産」の「その他」に属する資産でその金額が資産の総額の100分の１を超えるものについては、当該資産を明示する科目をもって記載すること。
8　記載要領５及び７は、負債の部の記載に準用する。
9　「貯蔵品」、「短期貸付金」、「前払費用」、「特許権」、「実用新案権」、「著作権」、「借地権」及び「のれん」は、その金額が資産の総額の100分の１以下であるときは、それぞれ「流動資産」又は「無形固定資産」の「その他」に含めて記載することができる。
10　記載要領９は、「未払金」、「未払費用」、「預り金」、「前受収益」及び「負ののれん」の表示に準用する。
11　「繰延税金資産」及び「繰延税金負債」は、税効果会計の適用にあたり、一時差異（会計上の簿価と税務上の簿価との差額）の金額に重要性がないために、「繰延税金資産」又は「繰延税金負債」を計上しない場合には記載を要しない。
12　「流動資産」に属する「繰延税金資産」の金額及び「流動負債」に属する「繰延税金負債」の金額については、その差額のみを「繰延税金資産」又は「繰延税金負債」として「流動資産」又は「流動負債」に記載する。「固定資産」に属する「繰延税金資産」の金額及び「固定負債」に属する「繰延税金負債」の金額についても、同様とする。
13　各有形固定資産に対する減損損失累計額は、各資産の金額から減損損失累計額を直接控除し、その控除残高を各資産の金額として記載すること。
14　「リース資産」に区分される資産については、有形固定資産に属する各科目（「リース資産」及び「建設仮勘定」を除く。）又は無形固定資産に属する各科目（「のれん」及び「リース資産」を除く。）に含めて記載することができる。
15　「関係会社株式・関係会社出資金」については、いずれか一方がない場合においては、「関係会社株式」又は「関係会社出資金」として記載すること。
16　持分会社である場合においては、「関係会社株式」を「投資有価証券」に、「関係会社出資金」を「投資その他の資産」の「その他」に含めて記載することができる。
17　「のれん」の金額及び「負ののれん」の金額については、その差額のみを「のれん」又は「負ののれん」として記載すること。
18　持分会社である場合においては、「株主資本」とあるのは「社員資本」と、「新株式申込証拠金」とあるのは「出資金申込証拠金」として記載することとし、「資本剰余金」及び「利益剰余金」については、「準備金」と「その他」に区分しての記載を要しない。
19　「その他利益剰余金」又は「利益剰余金合計」の金額が負となつた場合は、マイナス残高として記載すること。
20　「その他有価証券評価差額金」、「繰延ヘッジ損益」及び「土地再評価差額金」のほか、評価・換算差額等に計上することが適当であると認められるものについては、内容を明示する科目をもって記載することができる。

⑾-2 貸借対照表（個人）

別記様式第12号(第4条関係) （個人の場合）
（用紙Ａ４）

> 様式に定めのない科目がある場合は、科目の間の余白を利用して記載する。

貸借対照表
平成 25 年 12 月 31 日現在 ← 決算年月日を記載する。

（商号又は名称）
〇〇〇〇事務所

資産の部

千円 ← 千円単位をもって表示すること。千円未満の金額は、切り捨て又は四捨五入して記載する。従って、千円単位で記載した各科目の内訳を合算した場合、合計と一致しなくともよい。

I　流動資産
科目	金額（千円）	
現金預金	4,413	
受取手形	------	
完成業務未収入金	2,800	
有価証券	------	
未成業務支出金	------	
貯蔵品	------	
その他	------	
貸倒引当金	△	
流動資産合計	7,213	①

II　固定資産
科目	金額（千円）	
建物・構築物	------	
機械・運搬具	740	
工具器具・備品	124	
土地	14,000	
建設仮勘定	------	
その他	475	
固定資産合計	15,341	②
資産合計	22,554	③　③＝①+②

負債の部

I　流動負債
科目	金額（千円）	
支払手形	------	
業務未払金	------	
短期借入金	2,820	
未払金	------	
未成業務受入金	------	
預り金	5	
完成業務補償引当金	------	
その他	------	
流動負債合計	2,825	④

II　固定負債
科目	金額（千円）	
長期借入金	3,200	
その他	------	
固定負債合計	3,200	⑤
負債合計	6,025	⑥　⑥＝④+⑤

純資産の部

期首資本金	15,802	⑦
事業主借勘定		⑧
事業主貸勘定	△ 1,316	⑨
事業主利益(事業主損失)	2,043	⑩
純資産合計	16,529	⑪　⑪＝⑦+⑧+⑨+⑩
負債・純資産合計	22,554	⑫　⑫＝⑥+⑪

注
消費税及び地方消費税に相当する額の会計処理の方法
　　　税抜方式　●――――――― 消費税及び地方消費税に相当する額の会計処理の方法を記載する。

記載要領
1　貸借対照表は、財産の状態を正確に判断することができるよう明瞭に記載すること。
2　記載すべき金額は、千円単位をもって表示すること。
3　金額の記載に当たって有効数字がない場合においては、科目の記載を要しない。
4　「流動資産」、「固定資産」、「流動負債」又は「固定負債」に属する科目の掲記が「その他」のみである場合においては、科目の記載を要しない。
5　「流動資産」又は「固定資産」の「その他」に属する資産で、その金額が資産の総額の100分の1を超えるものについては、当該資産を明示する科目をもって記載すること。
6　記載要領5は、負債の部の記載に準用する。
7　注は、税抜方式及び税込方式のうち貸借対照表及び損益計算書の作成に当たって採用したものを記載すること。

⑿-1 損益計算書（法人）

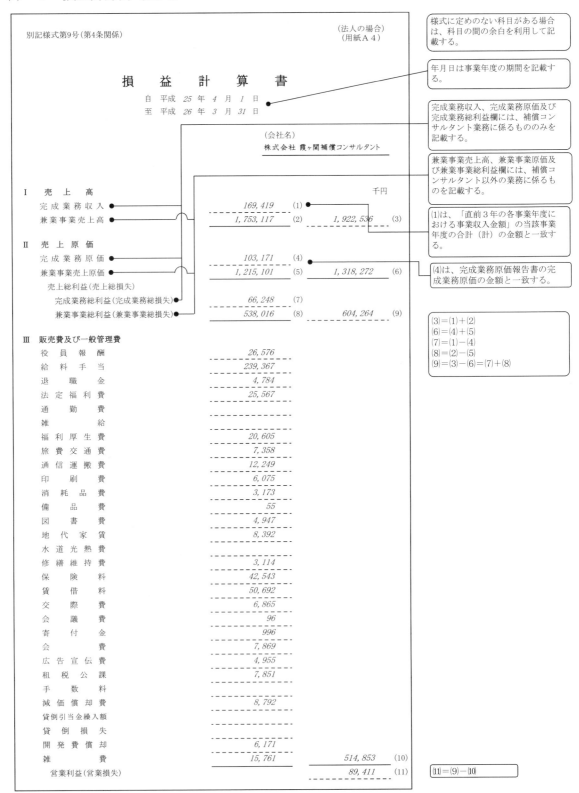

1．新規登録

Ⅳ 営業外収益				
受取利息及び配当金		6,839		
その他		18,750	25,589	(12)
Ⅴ 営業外費用				
支払利息		12,870		
手形売却損		─		
その他		3,567	16,437	(13)
経常利益（経常損失）			98,563	(14)
Ⅵ 特別利益				
前期損益修正益		─		
その他		2,647	2,647	(15)
Ⅶ 特別損失				
前期損益修正損		4,101		
その他		7,934	12,035	(16)
税引前当期純利益（税引前当期純損失）			89,175	(17)
法人税、住民税及び事業税		45,929		
法人税等調整額		─	45,929	(18)
当期純利益（当期純損失）			43,246	(19)

(14)＝(11)＋(12)－(13)
(17)＝(14)＋(15)－(16)
(19)＝(17)－(18)

記載要領
1　損益計算書は、一般に公正妥当と認められる企業会計の基準その他の企業会計の慣行をしん酌し、会社の損益の状態を正確に判断することができるよう明瞭に記載すること。
2　記載すべき金額は、千円単位をもって表示すること。ただし、会社法（平成17年法律第86号）第2条第6号に規定する大会社にあっては、百万円単位をもって表示することができる。この場合、「千円」とあるのは「百万円」として記載すること。
3　金額の記載に当たって有効数字がない場合においては、科目の記載を要しない。
4　「兼業事業」とは、補償業務以外の事業を併せて営む場合における当該補償業務以外の事業をいう。この場合において、兼業事業の表示については、その内容を示す適当な名称をもって記載することができる。
5　「雑費」に属する費用で「販売費及び一般管理費」の総額の10分の1を超えるものについては、それぞれ当該費用を明示する科目を用いて掲記すること。
6　記載要領5は、「営業外収益」の「その他」に属する収益及び「営業外費用」の「その他」に属する費用の記載に準用する。
7　「前期損益修正益」の金額が重要でない場合においては、「特別利益」の「その他」に含めて記載することができる。
8　「特別利益」の「その他」については、それぞれ当該利益を明示する科目を用いて掲記すること。ただし、各利益のうち、その金額が重要でないものについては、当該利益を区分掲記しないことができる。
9　「特別利益」に属する科目の掲記が「その他」のみである場合においては、科目の記載を要しない。
10　記載要領7は「前期損益修正損」の記載に、記載要領8は「特別損失」の「その他」の記載に、記載要領9は「特別損失」に属する科目の記載にそれぞれ準用する。
11　「法人税等調整額」は、税効果会計の適用に当たり、一時差異（会計上の簿価と税務上の簿価との差額）の金額に重要性がないために、「繰延税金資産」又は「繰延税金負債」を計上しない場合には記載をしない。
12　税効果会計を適用する最初の事業年度については、その期首に「繰延税金資産」に記載すべき金額と繰延税金負債に記載すべき金額とがある場合には、その差額を「過年度税効果調整額」として株主資本等変動計算書に記載するものとし、当該差額は「法人税等調整額」には含めない。

⑿-2 損益計算書(個人)

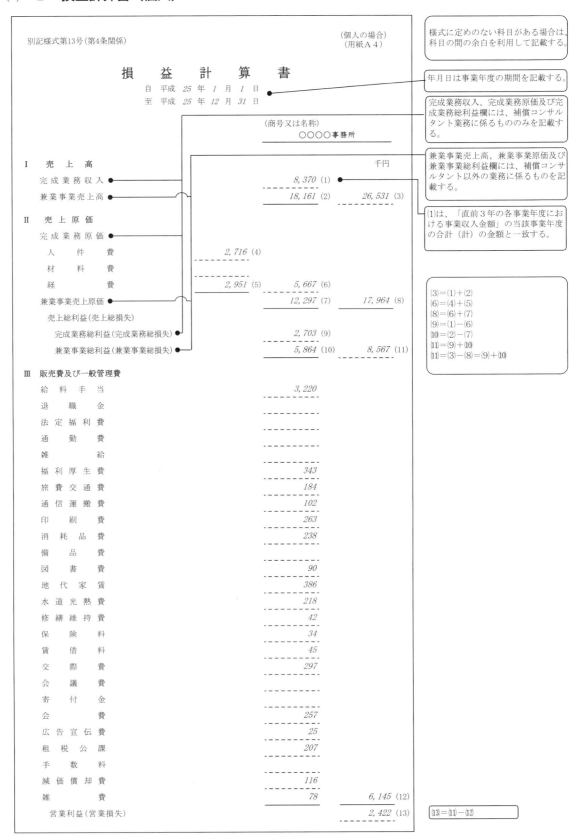

Ⅳ 営業外収益
　　受取利息配当金　　　　　　　　　　　　----------
　　そ　の　他　　　　　　　　　　　　　　----------　　　　----------　(14)

Ⅴ 営業外費用
　　支　払　利　息　　　　　　　　　　　　　　372
　　手　形　売　却　損　　　　　　　　　　----------
　　そ　の　他　　　　　　　　　　　　　　　　　5　　　　　377　(15)

　　事業主利益(事業主損失)　　　　　　　　　　　　　　　2,045　(16)　　　(16)＝(13)＋(14)－(15)

記載要領
 1　損益計算書は、損益の状態を正確に判断することができるよう明瞭に記載すること。
 2　記載すべき金額は、千円単位をもって表示すること。
 3　金額の記載に当たって有効数字がない場合においては、科目の記載を要しない。
 4　「兼業事業」とは、補償業務以外の事業を併せて営む場合における当該補償業務以外の事業をいう。
　　この場合において、兼業事業の表示については、その内容を示す適当な名称をもって記載することができる。
 5　「雑費」に属する費用で「販売費及び一般管理費」の総額の10分の1を超えるものについては、当該費用を明示する科目をもって記載すること。
 6　記載要領5は、「営業外収益」の「その他」に属する収益及び「営業外費用」の「その他」に属する費用の記載に準用する。

(13) 完成業務原価報告書

(法人の場合)
(用紙A4)

完成業務原価報告書

自 平成 25 年 4 月 1 日
至 平成 26 年 3 月 31 日

(会社名)
株式会社 霞ヶ関補償コンサルタント

千円

I 人件費	
給料手当	38,834
退職金	
法定福利費	3,992
通勤費	
雑給	
人件費計	42,826 ㋑

II 経費	
業務等委託費	52,175
電算委託費	
トレース印刷費	
福利厚生費	257
旅費交通費	713
通信運搬費	
消耗品費	1,771
備品費	55
図書費	
地代家賃	
水道光熱費	544
修繕維持費	1,238
保険料	
賃借料	
交際費	
会議費	
租税公課	
補償費	
減価償却費	558
雑費	3,034
経費計	60,345 ㋺
完成業務原価	103,171 ㋩

㋩＝㋑＋㋺

補償コンサルタント業務に要した完成業務原価の内訳を記載する。

様式に定めのない科目がある場合は、科目の間の余白を利用して記載する。

年月日は事業年度の期間を記載する。

損益計算書(4)の完成業務原価の金額と一致する。

記載要領
　「雑費」に属する費用で「経費」の総額の10分1を超えるものについては、それぞれ当該費用を明示する科目を用いて掲記すること。

(14) 株主資本等変動計算書

別記様式第10号（第4条関係）

(用紙 A 4)

株主資本等変動計算書

自 平成 25 年 4 月 1 日
至 平成 26 年 3 月 31 日

（会社名）株式会社 霞ヶ関補償コンサルタント

（単位：千円）

	株主資本								評価・換算差額等				新株予約権	純資産合計
	資本金	資本剰余金			利益剰余金			自己株式	株主資本合計	その他有価証券評価差額金	繰延ヘッジ損益	土地再評価差額金	評価・換算差額等合計		
		資本準備金	その他資本剰余金	資本剰余金合計	利益準備金	その他利益剰余金	利益剰余金合計								
						積立金	繰越利益剰余金									
当期首残高	48,000	16,124		16,124		260,000	54,279	314,279	△300	378,103						378,103
当期変動額																
新株の発行																
剰余金の配当																
当期純利益								43,246	43,246		43,246					43,246
自己株式の処分									0							
任意積立金の積み立て							10,000	△10,000								
株主資本以外の項目の当期変動額（純額）																
当期変動額合計							10,000	33,246	43,246		43,246					43,246
当期末残高	48,000	16,124		16,124		270,000	87,525	357,525	△300	421,349						421,349

記載要領

1 株主資本等変動計算書は、一般に公正妥当と認められる企業会計の基準その他の企業会計の慣行をしん酌し、純資産の部の変動の状態を正確に判断し、純資産の部の変動の状態を明瞭に記載すること。
2 金額の記載は、千円単位をもって表示すること。ただし、会社法（平成17年法律第86号）第2条第6号に規定する大会社にあっては、百万円単位をもって表示することができる。この場合、「千円」とあるのは「百万円」として記載すること。
3 金額の記載にあたって有効数字がない場合においては、項目の名称の記載を要しない。
4 その他利益剰余金については、その内訳科目の当期首残高、当期変動額（変動事由ごとの金額）及び当期末残高を株主資本等変動計算書に記載すること。この場合には、その他利益剰余金の当期首残高、当期変動額及び当期末残高の合計額を株主資本等変動計算書に表示することとして、注記により開示することができる。
5 評価・換算差額等については、その内訳科目の当期首残高、当期変動額（当期変動額については主な変動事由ごとにその金額を含む。）及び当期末残高を株主資本等変動計算書に記載すること。この場合には、評価・換算差額等の各合計額の当期首残高、当期変動額及び当期末残高を株主資本等変動計算書に表示することとして、注記により開示することができる。
6 各合計額の記載は、株主資本合計を除き省略することができる。
7 当期首残高及びその金額については、会社計算規則（平成18年法務省令第13号）第2条第3項第59号（当期首残高）及び同項第64号に規定する遡及適用（以下の訂正）をした場合には、当期首残高及びこれに対する影響額を記載すること。
8 株主資本の各項目の変動事由及びその金額の記載は、おおむね貸借対照表における表示の順序による。

年月日は事業年度の期間を記載する。

前期決算における貸借対照表記載の各科目の金額を記載する。

当期における該当する変動額を記載する。

当期決算における貸借対照表記載の各科目の金額を記載する。

9 株主資本の各項目の変動事由には、例えば以下のものが含まれる。
 (1) 当期純利益又は当期純損失
 (2) 新株の発行又は自己株式の処分
 (3) 剰余金（その他資本剰余金又はその他利益剰余金）の配当
 (4) 自己株式の取得
 (5) 自己株式の消却
 (6) 企業結合（合併、会社分割、株式交換、株式移転等）による増加又は分割型の会社分割による減少
 (7) 株主資本の計数の変動
  ① 資本金から準備金又は剰余金への振替
  ② 準備金から資本金又は剰余金への振替
  ③ 剰余金から資本金又は準備金への振替
  ④ 剰余金の内訳科目間の振替
10 剰余金の配当については、剰余金を減少する事業年度の期首残高を最初に適用する、剰余金の当期変動額に表示すること。
11 税効果会計を適用する最初の事業年度において、その期首に繰延税金資産に記載すべき金額と繰延税金負債に記載すべき金額との差額がある場合には、その差額を「過年度税効果調整額」として繰越利益剰余金の当期変動額に表示すること。
12 新株の発行の効力発生日に資本金又は資本準備金の額が増加し、新株の発行により増加すべき資本金又は資本準備金と同額の資本準備金の額の減少の効力が発生した場合には、以下のいずれかの方法により記載する方法
 (1) 新株の発行として、資本金又は資本準備金の額の増加を記載し、また、株主資本の計数の変動として、その他資本剰余金の額の増加を記載する方法
 (2) 直接、その他資本剰余金の額の増加の効力が発生した場合として扱う
  企業結合の効力発生日に発生した場合についても同様に取り扱う。
13 株主資本以外の各項目の当期変動額は、純額で表示するが、主な変動事由及びその金額を事業年度ごと、項目ごとに選択することができる。当該表示は、変動事由、金額、項目ごとに選択することができる。
14 株主資本以外の各項目の主な変動事由及びその金額を表示する場合、以下の方法及び主な変動事由及びその金額を注記により開示する方法
 (1) 株主資本等変動計算書に主な変動事由及びその金額を表示する方法
 (2) 株主資本等変動計算書に当期変動額で記載し、主な変動事由及びその金額を注記する方法
15 株主資本以外の各項目の主な変動事由には、当該変動事由には、例えば以下のものが含まれる。
 ① 評価・換算差額等
  その他有価証券評価差額金
   その他有価証券の売却又は減損処理による増減
   資産の部に直接計上されたその他有価証券評価差額金の増減
  繰延ヘッジ損益
   ヘッジ対象の損益認識又はヘッジ会計の終了による繰延ヘッジ損益の増減
   純資産の部に直接計上された繰延ヘッジ損益の増減
 (2) 新株予約権
  新株予約権の発行
  新株予約権の取得
  新株予約権の行使
  新株予約権の失効
  自己新株予約権の消却
  自己新株予約権の処分

16 株主資本以外の各項目のうち、その他有価証券評価差額金について、主な変動事由及びその金額を表示する場合、時価評価の対象となるその他有価証券の売却又は減損処理による増減は、原則として、以下のいずれかの方法により計算すること。
  (1) 損益計算書に計上されたその他有価証券の売却損益等の額を表示すること。
  (2) 損益計算書に計上されたその他有価証券の売却損益等の額を調整する方法
  この場合、評価・換算差額等に対する税効果の額を、別の変動事由として表示する。また、当該税効果の額を使用して表示する。また、評価・換算差額等の内訳項目ごとに行う方法又はその他有価証券評価差額金を含む評価・換算差額等に対する税効果の額の合計の額による方法のいずれについても同様に取り扱う。
  なお、税効果の調整の方法としては、例えば、評価・換算差額等の増減があった事業年度の法定実効税率を使用する方法、繰延税金資産の回収可能性を考慮した税率を使用する方法等がある。
17 持分会社である場合においては、「株主資本等変動計算書」とあるのは「社員資本等変動計算書」と、「株主資本」とあるのは「社員資本」として記載すること。

⒂ 注記表

別記様式第11号(第4条関係) 　　　　　　　　　　　　　　　　　　　　　　(用紙Ａ４)

注　記　表

自 平成 25 年 4 月 1 日
至 平成 26 年 3 月 31 日

（会社名）　株式会社 霞ヶ関補償コンサルタント

> 年月日は事業年度の期間を記載する。

注
1　継続企業の前提に重要な疑義を生じさせるような事象又は状況
　　該当なし
2　重要な会計方針
(1)　資産の評価基準及び評価方法
　　有価証券
　　ア　時価のあるもの　期末日の市場価格等に基づく時価法（評価差額は全部資産
　　　　　　　　　　　　直入法で処理、売却原価は移動平均法で算定）
　　イ　時価のないもの　移動平均法による原価法
(2)　固定資産の減価償却の方法
　　①　有形固定資産　建物については定額法、その他資産は定率法
　　②　無形固定資産　定額法
(3)　引当金の計上基準
　　貸倒引当金の計上基準
　　　一般債権については、法人税法の規定による法定繰入率、その他の債権につい
　　ては個々の債権の回収可能性を勘案して計上している。
(4)　収益及び費用の計上基準
　　業務収益の計上基準
　　　業務完成基準を適用している。
(5)　消費税及び地方消費税に相当する額の会計処理の方法
　　税抜方式
(6)　その他貸借対照表、損益計算書、株主資本等変動計算書及び注記表の作成のための基本となる
　　重要な事項
　　外貨建の資産・負債の本邦通貨への換算基準
　　　期末日の直物為替相場により円貨換算し、換算差額は損益として処理している。

3　会計方針の変更
　　該当なし

4　表示方法の変更
　　該当なし

5　会計上の見積りの変更
　　該当なし

6　誤謬(びゅう)の訂正
　　該当なし

7　貸借対照表関係
(1)　担保に供している資産及び担保付債務
　①　担保に供している資産の内容及びその金額
　　該当なし
　②　担保に係る債務の金額
　　該当なし
(2)　保証債務、手形遡求債務、重要な係争事件に係る損害賠償義務等の内容及び金額
　　受取手形割引高　○○○○千円
(3)　関係会社に対する短期金銭債権及び長期金銭債権並びに短期金銭債務及び長期金銭債務
　　該当なし
(4)　取締役、監査役及び執行役との間の取引による取締役、監査役及び執行役に対する金銭
　債権及び金銭債務
　　該当なし
(5)　親会社株式の各表示区分別の金額
　　該当なし
(6)　業務損失引当金に対応する未成業務支出金の金額
　　該当なし

8　損益計算書関係
(1)　工事進行基準による完成業務収入
　　該当なし
(2)　「売上高」のうち関係会社に対する部分
　　該当なし
(3)　「売上原価」のうち関係会社からの仕入高
　　該当なし
(4)　売上原価のうち業務損失引当金繰入額
　　該当なし
(5)　関係会社との営業取引以外の取引高
　　該当なし

(6) 研究開発費の総額
　　該当なし

9　株主資本等変動計算書関係
(1) 事業年度末日における発行済株式の種類及び数
　　普通株式　○○○○株

(2) 事業年度末日における自己株式の種類及び数
　　該当なし

(3) 剰余金の配当
　　平成25年○月○日　定時株主総会
　　　ア　配当総額　○○○○円
　　　イ　一株当たりの配当額　　○○円
　　　ウ　配当原資　利益剰余金

(4) 事業年度末において発行している新株予約権の目的となる株式の種類及び数
　　該当なし

10　税効果会計
　　該当なし

11　リースにより使用する固定資産
　　該当なし

12　金融商品関係
(1) 金融商品の状況
　　該当なし

(2) 金融商品の時価等
　　該当なし

13　賃貸不動産関係
(1) 賃貸等不動産の状況
　　該当なし

(2) 賃貸等不動産の時価
　　該当なし

14　関連当事者との取引
取引の内容

種類	会社等の名称又は氏名	議決権の所有(被所有)割合	関係内容	科目	期末残高(千円)

ただし、会計監査人を設置している会社は以下の様式により記載する。
(1) 取引の内容

種類	会社等の名称又は氏名	議決権の所有(被所有)割合	関係内容	取引の内容	取引金額	科目	期末残高(千円)

(2) 取引条件及び取引条件の決定方針

(3) 取引条件の変更の内容及び変更が貸借対照表及び損益計算書に与える影響の内容

15　一株当たり情報
(1) 一株当たりの純資産額
　　○○○○円

(2) 一株当たりの当期純利益又は当期純損失
　　○○円

16　重要な後発事象
　　該当なし

17　連結配当規制適用の有無
　　該当なし

18　その他
　　該当なし

記載要領
1 記載を要する注記は、以下のとおりとする。

	株 式 会 社			持分会社
	会計監査人設置会社	会計監査人なし		
		公開会社	株式譲渡制限会社	
1 継続企業の前提に重要な疑義を生じさせるような事象又は状況	○	×	×	×
2 重要な会計方針	○	○	○	○
3 会計方針の変更	○	○	○	○
4 表示方法の変更	○	○	○	○
5 会計上の見積りの変更	○	×	×	×
6 誤謬の訂正	○	○	○	○
7 貸借対照表関係	○	○	×	×
8 損益計算書関係	○	○	×	×
9 株主資本等変動計算書関係	○	○	○	×
10 税効果会計	○	○	×	×
11 リースにより使用する固定資産	○	○	×	×
12 金融商品関係	○	○	×	×
13 賃貸等不動産関係	○	○	×	×
14 関連当事者との取引	○	○	×	×
15 一株当たり情報	○	○	×	×
16 重要な後発事象	○	○	×	×
17 連結配当規制適用の有無	○	×	×	×
18 その他	○	○	○	○

【凡例】○・・・記載要、×・・・記載不要
2　注記事項は、貸借対照表、損益計算書、株主資本等変動計算書の適当な場所に記載することができる。この場合、注記表の当該部分への記載は要しない。
3　記載すべき金額は、注15を除き千円単位をもつて表示すること。ただし、会社法（平成17年法律第86号）第2条第6号に規定する大会社にあつては、百万円単位をもつて表示することができる。この場合、「千円」とあるのは「百万円」として記載すること。
4　注に掲げる事項で該当事項がない場合においては、「該当なし」と記載すること。
5　貸借対照表、損益計算書又は株主資本等変動計算書の特定の項目に関連する注記については、その関連を明らかにして記載すること。
6　注に掲げる事項の記載に当たつては、当該事項の番号に対応してそれぞれ以下に掲げる要領に従つて記載すること。

注1関係　事業年度の末日において、当該会社が将来にわたつて事業を継続するとの前提に重要な疑義を生じさせるような事象又は状況が存在する場合であつて、当該事象又は状況を解消し、又は改善するための対応をしてもなおその前提に関する重要な不確実性が認められるとき（当該事業年度の末日後に当該重要な不確実性が認められなくなつた場合を除く。）は、次に掲げる事項を記載すること。
① 当該事象又は状況が存在する旨及びその内容
② 当該事象又は状況を解消し、又は改善するための対応策
③ 当該重要な不確実性が認められる旨及びその理由
④ 当該重要な不確実性の影響を貸借対照表、損益計算書、株主資本等変動計算書及び注記表に反映しているか否かの別

注2関係　重要性の乏しい事項は、記載を要しない。
(4) 完成業務収入及び完成業務原価の認識基準、決算日における業務進捗度を見積もるために用いた方法その他の収益及び費用の計上基準について記載すること。
(5) 税抜方式及び税込方式のうち貸借対照表及び損益計算書の作成に当たつては採用したものを記載すること。

注3関係　一般に公正妥当と認められる会計方針を他の一般に公正妥当と認められる会計方針に変更した場合に、次に掲げる事項を記載すること。ただし、重要性の乏しい事項は記載を要せず、また、会計監査人設置会社以外の株式会社及び持分会社にあつては、④ロ及びハに掲げる事項を省略することができる。
① 当該会計方針の変更の内容
② 当該会計方針の変更の理由
③ 会社計算規則（平成18年法務省令第13号）第2条第3項第59号に規定する遡及適用（以下単に「遡及適用」という。）をした場合には、当該事業年度の期首における純資産額に対する影響額
④ 当該事業年度より前の事業年度の全部又は一部について遡及適用をしなかつた場合には、次に掲げる事項（当該会計方針の変更を会計上の見積りの変更と区別することが困難なときは、ロに掲げる事項を除く。）
イ　貸借対照表、損益計算書、株主資本等変動計算書及び注記表の主な項目に対する影響額
ロ　当該事業年度より前の事業年度の全部又は一部について遡及適用をしなかつた理由並びに当該会計方針の変更の適用方法及び適用開始時期
ハ　当該会計方針の変更が当該事業年度の翌事業年度以降の財産又は損益に影響を及ぼす可能性がある場合であつて、当該影響に関する事項を注記することが適切であるときは、当該事項

注4関係　一般に公正妥当と認められる表示方法を他の一般に公正妥当と認められる表示方法に変更した場合に、次に掲げる事項を記載すること。ただし、重要性の乏しい事項は、記載を要しない。
① 当該表示方法の変更の内容
② 当該表示方法の変更の理由

注5関係　会計上の見積りを変更した場合に、次に掲げる事項を記載すること。ただし、重要性の乏しい事項は、記載を要しない。
① 当該会計上の見積りの変更の内容
② 当該会計上の見積りの変更の貸借対照表、損益計算書、株主資本等変動計算書及び注記表の項目に対する影響額
③ 当該会計上の見積りの変更が当該事業年度の翌事業年度以降の財産又は損益に影響を及ぼす可能性があるときは、当該影響に関する事項

注6関係　会社計算規則第2条第3項第64号に規定する誤謬（びゆう）の訂正をした場合に、次に掲げる事項を記載すること。ただし、重要性の乏しい事項は、記載を要しない。
① 当該誤謬（びゆう）の内容
② 当該事業年度の期首における純資産額に対する影響額

注7関係
(1) 担保に供している資産及び担保に係る債務は、勘定科目別に記載すること。
(2) 保証債務、手形遡求債務、損害賠償義務等（負債の部に計上したものを除く。）の種類別に総額を記載すること。
(3) 総額を記載するものとし、関係会社別の金額は記載することを要しない。
(4) 総額を記載するものとし、取締役、監査役又は執行役別の金額は記載することを要しない。
(5) 貸借対照表に区分掲記している場合は、記載を要しない。
(6) 同一の請負契約に関する未成業務支出金と業務損失引当金を相殺せずに両建てで表示したときは、その旨及び当該未成業務支出金の金額のうち業務損失引当金に対応する金額を、未成業務支出金と業務損失引当金を相殺して表示したときは、その旨及び相殺表示した未成業務支出金の金額を記載すること。

注8関係
(1) 工事進行基準を採用していない場合は、記載を要しない。
(2) 総額を記載するものとし、関係会社別の金額は記載することを要しない。
(3) 総額を記載するものとし、関係会社別の金額は記載することを要しない。
(4) 総額を記載するものとし、関係会社別の金額は記載することを要しない。

注9関係
(3) 事業年度中に行つた剰余金の配当（事業年度末日後に行う剰余金の配当のうち、剰余金の配当を受ける者を定めるための会社法第124条第1項に規定する基準日が事業年度中のものを含む。）について、配当を実施した回ごとに、決議機関、配当総額、一株当たりの配当額、基準日及び効力発生日について記載すること。

注10関係　繰延税金資産及び繰延税金負債の発生原因を定性的に記載すること。
注11関係　ファイナンス・リース取引（リース取引のうち、リース契約に基づく期間の中途において当該リース契約を解除することができないもの又はこれに準ずるもので、リース物件（当該リース契約により使用する物件をいう。）の借主が、当該リース物件からもたらされる経済的利益を実質的に享受することができ、かつ、当該リース物件の使用に伴って生じる費用等を実質的に負担することとなるものをいう。）の借主である株式会社が当該ファイナンス・リース取引について通常の売買取引に係る方法に準じて会計処理を行っていない重要な固定資産について、定性的に記載すること。

　「重要な固定資産」とは、リース資産全体に重要性があり、かつ、リース資産の中に基幹設備が含まれている場合の当該基幹設備をいう。リース資産全体の重要性の判断基準は、当期支払リース料の当期支払リース料と当期減価償却費との合計に対する割合がおおむね1割程度とすること。
　　ただし、資産の部に計上するものは、この限りでない。
注12関係　重要性の乏しいものについては記載することを要しない。
注13関係　賃貸等不動産の総額に重要性が乏しい場合は記載することを要しない。
注14関係　「関連当事者」とは、会社計算規則第112条第4項に定める者をいい、記載に当たつては、関連当事者ごとに記載する。関連当事者との取引には、会社と第三者との間の取引で当該会社と関連当事者との間の利益が相反するものを含む。ただし、重要性の乏しい取引及び関連当事者との取引のうち以下の取引については記載を要しない。
① 　一般競争入札による取引並びに預金利息及び配当金の受取りその他取引の性質からみて取引条件が一般の取引と同様であることが明白な取引
② 　取締役、会計参与、監査役又は執行役に対する報酬等の給付
③ 　その他、当該取引に係る条件につき市場価格その他当該取引に係る公正な価格を勘案して一般の取引の条件と同様のものを決定していることが明白な取引
　　「種類」の欄には、会社計算規則第2条第4項各号に掲げる関連当事者の種類を記載すること。
注15関係　株式会社が当該事業年度又は当該事業年度の末日後において株式の併合又は株式の分割をした場合において、当該事業年度の期首に株式の併合又は株式の分割をしたと仮定して(1)及び(2)に掲げる額を算定したときは、その旨を追加して記載すること。
注17関係　会社計算規則第158条第4号に規定する配当規制を適用する場合に、その旨を記載すること。
注18関係　注1から注17に掲げた事項のほか、貸借対照表、損益計算書及び株主資本等変動計算書により会社の財産又は損益の状態を正確に判断するために必要な事項を記載すること。

(16) **登記事項証明書**

	履歴事項全部証明書	
東京都千代田区○○町○丁目○○番○○号		
株式会社 霞ヶ関補償コンサルタント		
会社法人等番号　1111-11-111111		
商号	株式会社 霞ヶ関補償コンサルタント	
本店	東京都千代田区○○町○丁目○○番○○号	
公告をする方法	官報に掲載してする。	
会社成立の年月日	昭和52年12月1日	

> 法人の場合（法定代理人が法人の場合を含む。）のみ、登記事項証明書（履歴事項全部証明書）原本を添付する。（発行日から3か月以内のもの）

(17) 営業の沿革

別記様式第14号(第4条関係)　　　　　　　　　　　　　　　　　　　　　　（用紙Ａ４）

営 業 の 沿 革

	創　　　　　　　　　　　　　　　業	昭和 50 年 4 月 1 日
創業後の沿革	株式会社○○○○測量設計として会社設立　払込資本金500万円	昭和 52 年 12 月 1 日
	測量業登録	昭和 53 年 1 月 10 日
	商号を株式会社○○○○コンサルタントに変更	昭和 55 年 6 月 1 日
	資本金増額　払込資本金1,000万円	昭和 58 年 6 月 5 日
	資本金増額　払込資本金4,800万円	平成 9 年 6 月 4 日
	最初にこの規程による登録を受けた年月日	年 　月　 日

記載要領
　「創業後の沿革」の欄は、商号又は名称の変更、合併又は分割、営業の休止、営業の再開、資本金額の変更、補償コンサルタント登録規程による登録の削除、賞罰(行政処分等を含む。)等を記載すること。

⒅ 所属補償コンサルタント団体調書

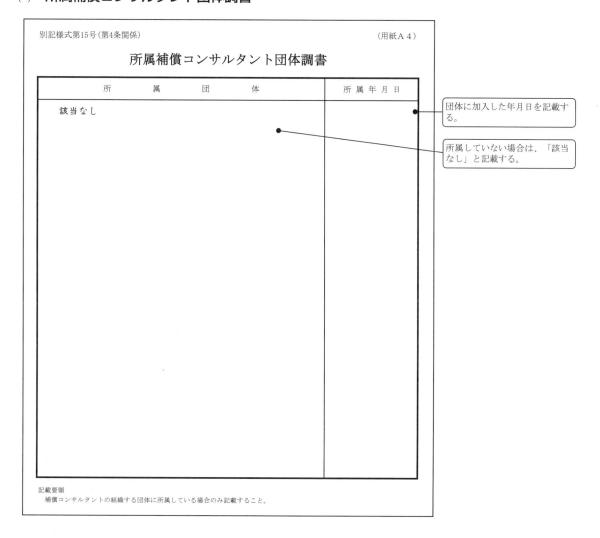

⑴ 補償業務管理者の常勤を証明する書類

以下の①又は②の書類（写し）を申請書に綴じ込まないで別途添付する。

① 直近の被保険者標準報酬決定通知書及び資格喪失確認通知書（後期高齢者等）（写し）

被保険者標準報酬決定通知書（写し）は、年金事務所等において確認済であることを示す確認印等のあるもの。ただし、確認印等がない場合には、当該頁に確認日が記載されてあるもの。

② 交付から1年以内の健康保険被保険者証（写し）、後期高齢者医療被保険者証（後期高齢者等）（写し）

健康保険被保険者証（写し）は、年金事務所等が交付する健康保険被保険者証に記載された交付年月日から申請書提出日までの間が1年以内のものを添付すること。

⑳-1　補償業務管理者認定申請書　　[登録規程第3条第1号ロに該当する者の場合]

別記様式第1号

補償業務管理者認定申請書

補償コンサルタント登録規程に基づく登録を受けるため、下記の者が

〔登録規程第3条第1号ただし書〕
〔同規程第3条第1号ロ〕

に該当するものであることの認定を受けたいので、申請いたします。

平成 26 年 6 月 25 日

東京都千代田区〇〇町〇丁目〇〇番〇〇号

申請者　株式会社 霞ヶ関補償コンサルタント　㊞
　　　　代表取締役　田中 一郎

関東地方整備局長　殿

記

登録を受けようとする登録部門	機械工作物部門		
補償業務管理者の氏名	秋 吉 良 二	生年月日	昭和19年8月9日
住　所	〇〇市〇〇町〇丁目〇番〇号		

　実務経歴は、別表　（補償コンサルタント業補償業務管理者認定研修修了者にあっては、同研修修了証書の写）のとおり。

　上記の者は別表　のとおり実務の経験を有することに相違ありません。

平成 26 年 6 月 25 日

東京都千代田区〇〇町〇丁目〇〇番〇〇号

申請者　株式会社 霞ヶ関補償コンサルタント　㊞
　　　　代表取締役　田中 一郎

備考
1　「登録規程第3条第1号ただし書」又は「同規程第3条第1号ロ」は不要なものを消すこと。
2　補償業務全般に関する実務経歴は、別表1に記載して添付すること。
3　起業者である発注者から直接に受託又は請け負った補償業務に関する実務の経験（主任担当者等の立場で業務の管理及び統轄を行った経験を含む。）は、別表2に記載して添付すること。
4　補償業務管理士の資格の登録を受けている者にあっては、同資格証書（補償業務管理士登録証を含む。）の写を添付すること。
5　補償コンサルタント業補償業務管理者認定研修修了者とは、平成4年度から平成23年度までに同認定研修を修了した者をいう。

登録規程第3条第1号ロに該当する者
(1) 国家公務員又は地方公務員等として補償業務全般に関する指導監督的実務の経験3年以上を含む20年以上の実務経験を有する者
(2) 補償業務管理士の資格を有する者で、財団法人公共用地補償機構の行う「補償コンサルタント業補償業務管理者認定研修」を修了した者又は登録部門に関わらず起業者である発注者から直接に受託若しくは請け負った補償業務に関し（課長通知2(2)）と同様の算定による7年以上の実務の経験を有する者、補償業務全般に関し20年以上の実務の経験を有する者又は（課長通知2(2)）若しくは（課長通知2(4)）の指導監督的実務の経験を有する者

については、本認定申請書により手続きを行う。

上記(1)の者の場合、
・補償業務管理者実務経歴書（補償業務経験者）別表1
とともにホチキス留め等にする。

上記(2)の者の場合、
・補償業務管理者認定研修修了証書（写し）又は、補償業務管理者実務経歴書（補償業務経験者又は受託（請負）による補償業務経験者）別表1又は別表2
・補償業務管理士資格証書（補償業務管理士検定試験合格証書）（写し）
・補償業務管理士登録証（現に有効なものの写し）
とともにホチキス留め等にする。

⑳-2　補償業務管理者実務経歴書（補償業務経験者）　[登録規程第3条第1号ロに該当する者の場合]

国家公務員又は地方公務員等として補償業務全般に関する指導監督的実務の経験3年以上を含む20年以上の実務経験を有する者の場合

別表1

補償業務管理者実務経歴書
（補償業務経験者）

氏　名		現　住　所		
秋吉　良二		○○市○○町○丁目○番○号		
年月日	所　属	役職名	職務の内容	実務期間
自S49.5.1 至S55.3.31	建設省○○工事事務所用地第二課		用地補償業務全般	5年11月
自S55.4.1 至S59.9.30	建設省○○工事事務所用地第一課		用地補償業務全般	4年6月
自S59.10.1 至S63.3.31	建設省○○工事事務所用地第一課	主任	用地補償業務全般	3年6月
自S63.4.1 至H4.5.30	建設省○○工事事務所用地第一課	用地係長	用地補償業務全般	4年2月
自H4.6.1 至H7.3.31	建設省○○工事事務所用地第一課	用地係長	用地補償業務全般	2年10月
自H7.4.1 至H11.3.31	建設省○○工事事務所用地課	用地係長	用地補償業務全般	4年0月
自H11.4.1 至H12.3.31	建設省○○工事事務所用地課	○用地官	用地補償業務全般	1年0月
自H12.4.1 至H15.3.31	国土交通省○○工事事務所用地第一課	○用地官	用地補償業務全般	3年0月
自H15.4.1 至H16.3.31	国土交通省○○事務所用地課	○用地課長	用地補償業務全般	1年0月
自H16.4.1 至H17.3.31	国土交通省○○事務所用地第一課	○用地課長	用地補償業務全般	1年0月
	補償業務実務経験		合計	30年11月
			うち指導監督的実務経験	6年0月

上記の者は、上記のとおり実務経歴の内容に相違ないことを証明する。

平成26年6月1日

国土交通省○○地方整備局長

証明者　　□□　□□　　㊞

（注記：国家公務員又は地方公務員等として補償業務全般に関する指導監督的実務の経験3年以上を含む20年以上の実務経験を有する者が申請する場合、この実務経歴書による。）

（注記：所属が用地課・係以外の場合は、所属ごとに従事した事業名、用地に係わる業務の内容等を具体的に記載する。記載事項が多い場合は、別に説明資料を作成し添付する）

（注記：補償業務に従事した期間のみを記載する。）

記載要領
1　「実務期間」の欄は、補償業務に従事した期間のみ記載すること。
2　指導監督的実務経験に該当する役職名には○印を付すこと。
3　証明者は、退職時における所属機関の人事担当部局長とすること。
4　補償業務管理士の資格の登録を受けている者で、20年以上の補償業務実務経験を有する者は、2の○印は不要。
5　補償業務管理士の資格の登録を受けている者で、指導監督的実務経験を有する者は、該当する役職のうち1つについて記載すること。

㉑－1　補償業務管理者認定申請書　［登録規程第3条第1号ただし書に該当する者の場合］

別記様式第1号

補償業務管理者認定申請書

補償コンサルタント登録規程に基づく登録を受けるため、下記の者が
［ 登録規程第3条第1号ただし書　／　同規程第3条第1号ロ ］
に該当するものであることの認定を受けたいので、申請いたします。

平成 ○ 年 ○ 月 ○ 日

申請者　東京都千代田区○○町○丁目○○番○○号
　　　　株式会社　霞ヶ関補償コンサルタント　㊞
　　　　代表取締役　田中　一郎

関東地方整備局長　殿

記

登録を受けようとする登録部門	総合補償部門		
補償業務管理者の氏名	○○○○	生年月日	昭和 ○ 年 ○ 月 ○ 日
住　所	○○市○○町○丁目○番○号		

実務経歴は、別表　（補償コンサルタント業補償業務管理者認定研修修了者にあっては、同研修修了証書の写）のとおり。

上記の者は別表　のとおり実務の経験を有することに相違ありません。

平成 ○ 年 ○ 月 ○ 日

申請者　東京都千代田区○○町○丁目○○番○○号
　　　　株式会社　霞ヶ関補償コンサルタント　㊞
　　　　代表取締役　田中　一郎

備考
1　「登録規程第3条第1号ただし書」又は「同規程第3条第1号ロ」は不要なものを消すこと。
2　補償業務全般に関する実務経歴は、別表1に記載して添付すること。
3　起業者である発注者から直接に受託又は請け負った補償業務に関する実務の経験（主任担当者等の立場で業務の管理及び統轄を行った経験を含む。）は、別表2に記載して添付すること。
4　補償業務管理士の資格の登録を受けている者にあっては、同資格証書（補償業務管理士登録証を含む。）の写を添付すること。
5　補償コンサルタント業補償業務管理者認定研修修了者とは、平成4年度から平成23年度までに同認定研修を修了した者をいう。

登録規程第3条第1号ただし書に該当する者
(1) 国家公務員又は地方公務員等として補償業務全般に関する指導監督的実務の経験7年以上を含む20年以上の実務経験を有する者
(2) 補償業務管理士の資格を有する者で、財団法人公共用地補償機構の行う「補償コンサルタント業補償業務管理者認定研修」を修了した者又は登録部門に関わらず起業者である発注者から直接に受託若しくは請け負った補償業務に関し（課長通知2(2)）と同様の算定による7年以上の実務の経験を有する者、補償業務全般に関し20年以上の実務の経験を有する者又は（課長通知2(2)）若しくは（課長通知2(4)）の指導監督的実務の経験を有する者
については、本認定申請書により手続きを行う。

上記(1)の者の場合、
・補償業務管理者実務経歴書（補償業務経験者）別表1
とともにホチキス留め等にする。

上記(2)の者の場合、
・補償業務管理者認定研修修了証書（写し）又は、補償業務管理者実務経歴書（補償業務経験者又は受託（請負）による補償業務経験者）別表1又は別表2
・総合補償士資格証書（特別総合補償部門試験合格証書）（写し）
・補償業務管理士登録証（現に有効なものの写し）
とともにホチキス留め等にする。

⑵-2　補償業務管理者実務経歴書（補償業務経験者）　[登録規程第3条第1号ただし書に該当する者の場合]

（国家公務員又は地方公務員等として補償業務全般に関する指導監督的実務の経験7年以上を含む20年以上の実務経験を有する者の場合）

別表1

補償業務管理者実務経歴書
（補償業務経験者）

氏　名		現　住　所		
○○○○		○○市○○町○丁目○番○号		
年月日	所　属	役職名	職務の内容	実務期間
自 S44.5.1 至 S50.3.31	建設省○○工事事務所用地第二課		用地補償業務全般	5年11月
自 S50.4.1 至 S54.9.30	建設省○○工事事務所用地第一課		用地補償業務全般	4年6月
自 S54.10.1 至 S58.3.31	建設省○○工事事務所用地第一課	主任	用地補償業務全般	3年6月
自 S58.4.1 至 S62.5.30	建設省○○工事事務所用地第一課	用地係長	用地補償業務全般	4年2月
自 S62.6.1 至 H2.3.31	建設省○○工事事務所用地第一課	用地係長	用地補償業務全般	2年10月
自 H2.4.1 至 H5.3.31	建設省○○工事事務所用地課	○用地官	用地補償業務全般	3年0月
自 H5.4.1 至 H7.3.31	建設省○○工事事務所用地課	○用地官	用地補償業務全般	2年0月
自 H7.4.1 至 H10.3.31	建設省○○工事事務所用地第一課	○用地官	用地補償業務全般	3年0月
自 H10.4.1 至 H11.3.31	建設省○○工事事務所用地課	○用地課長	用地補償業務全般	1年0月
自 H11.4.1 至 H12.3.31	建設省○○工事事務所用地第一課	○用地課長	用地補償業務全般	1年0月
補償業務実務経験			合　計	30年11月
			うち指導監督的実務経験	10年0月

上記の者は、上記のとおり実務経歴の内容に相違ないことを証明する。

平成 00 年 00 月 00 日

国土交通省○○地方整備局長

証明者　　□□　□□　　　㊞

記載要領
1. 「実務期間」の欄は、補償業務に従事した期間のみ記載すること。
2. 指導監督的実務経験に該当する役職名には○印を付すこと。
3. 証明者は、退職時における所属機関の人事担当部局長とすること。
4. 補償業務管理士の資格の登録を受けている者で、20年以上の補償業務実務経験を有する者は、2の○印は不要。
5. 補償業務管理士の資格の登録を受けている者で、指導監督的実務経験を有する者は、該当する役職のうち1つについて記載すること。

注記：
- 国家公務員又は地方公務員等として補償業務全般に関する指導監督的実務の経験7年以上を含む20年以上の実務経験を有する者が申請する場合、この実務経歴書による。
- 所属が用地課・係以外の場合は、所属ごとに従事した事業名、用地に係わる業務の内容等を具体的に記載する。
- 記載事項が多い場合は、別に説明資料を作成し添付する。
- 補償業務に従事した期間のみを記載する。

1．新規登録　66

⑵ 補償業務管理者認定研修修了証書等
　　補償業務管理士の資格を有する者で、財団法人公共用地補償機構の行う「補償コンサルタント業補償業務管理者認定研修」を修了した者の場合
　① 補償コンサルタント業補償業務管理者認定研修修了証書

> 財団法人公共用地補償機構が交付した「補償コンサルタント業補償業務管理者認定研修修了証書」の写しを添付する。

公研第　　号

修 了 証 書

　　　　　　　　　　殿
　　　　　　　　年　月　日生

あなたは、平成　年度補償コンサルタント業補償業務管理者認定研修の全課程を修了したことを証します。

平成　　年　　月　　日

　　　財団法人　公共用地補償機構
　　　理事長　小髙　　剛

1. 新規登録

補償業務管理士の資格を有する者で、財団法人公共用地補償機構の行う「補償コンサルタント業補償業務管理者認定研修」を修了した者の場合

② 補償業務管理士資格証書

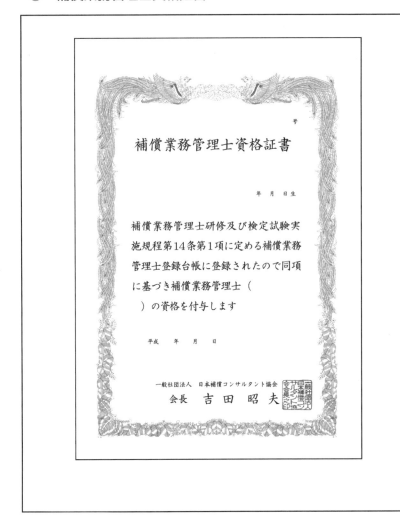

一般社団法人日本補償コンサルタント協会が交付した
「補償業務管理士資格証書」（平成5年度試験以降交付）
又は
「補償業務管理士検定試験合格証書」（平成5年9月以前交付）
の写しを添付する。

（注）
平成5年9月10日以前は、「補償業務管理士検定試験合格証書」となっている。
ただし、平成5年度補償業務管理士検定試験については、平成6年10月15日付けコースⅡの合格者は「補償業務管理士検定試験合格証書」となっており、平成6年9月9日付けコースⅠ及びⅢの合格者は「補償業務管理士資格証書」となっている。

補償業務管理士の資格を有する者で、財団法人公共用地補償機構の行う「補償コンサルタント業補償業務管理者認定研修」を修了した者の場合

③ 補償業務管理士登録証

一般社団法人日本補償コンサルタント協会が交付した、現に有効である「補償業務管理士登録証」の写しを添付する。

○補償業務管理士の資格の登録を受けている者が補償業務管理者の大臣認定申請を行う場合

【総合補償部門】（登録規程）第3条第1号ただし書　（課長通知）2．(6)イ
【総合補償部門以外】（登録規程）第3条第1号ロ　（課長通知）2．(6)ロ

	要件	申請様式	内容
ケース1	補償コンサルタント業補償業務管理者認定研修修了者	修了証（写し）	・平成4年度から平成23年度までに補償コンサルタント業補償業務管理者認定研修の修了者（63頁、67～69頁を参照）
ケース2	7年以上の実務の経験を有する者（会社での従事経験）	別表2	・実務の経験は登録部門を問わない。 ・実務の経験は補償業務管理士の登録を受ける前後を問わない ・期間の計算は直接従事した期間を個別に積み上げ。
ケース3	補償業務全般に関し20年以上の実務の経験を有する者（起業者職員としての従事経験）	別表1	・実務の経験は「補償業務に従事した期間」のみ対象。
ケース4	指導監督的実務の経験を有する者（起業者の職員としての従事経験）	別表1	・実務の経験は該当する役職1つについて記載。
ケース5	指導監督的実務の経験を有する者（会社での従事経験）	別表2	・実務の経験は1件で可。 ・実務の経験は登録部門を問わない。 ・実務の経験は補償業務管理士の登録を受ける前後、登録部門、業務の期間の長短、契約金額の多寡を問わないが、当該業務のすべての期間において主任担当者等として補償業務に従事していたものに限る。

区分			
部門	区分イ	区分ロ（公共用地経験者）	区分ロ
総合補償部門以外の7部門	7年以上の実務経験を有する者	指導監督的実務経験3年以上を含む20年以上の実務経験を有する者	補償業務管理士資格取得者で補償業務管理者認定研修修了者
総合補償部門	7年以上の実務経験を有し、5年以上の指導監督的実務経験を有する者	指導監督的実務経験7年以上を含む20年以上の実務経験を有する者	総合補償士資格取得者で補償業務管理者認定研修修了者

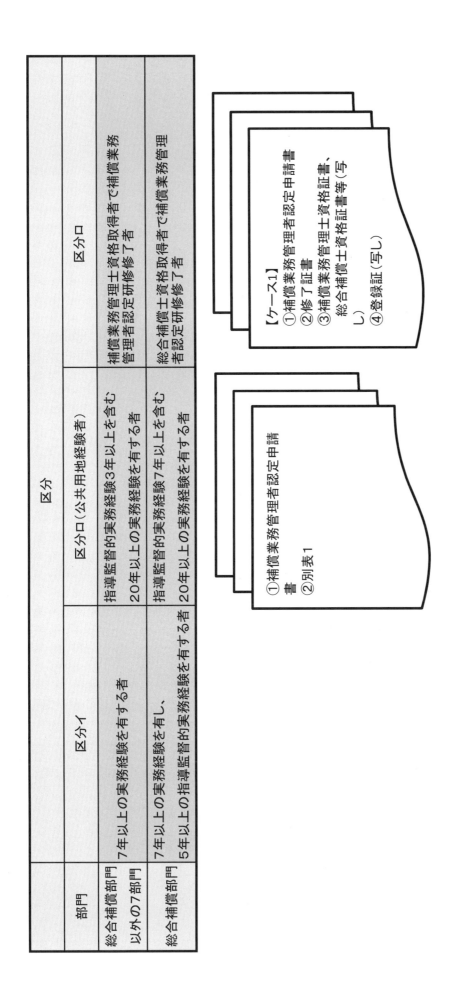

①補償業務管理者認定申請書
②別表1

【ケース1】
①補償業務管理者認定申請書
②修了証書
③補償業務管理士資格証書、総合補償士資格証書等（写し）
④登録証（写し）

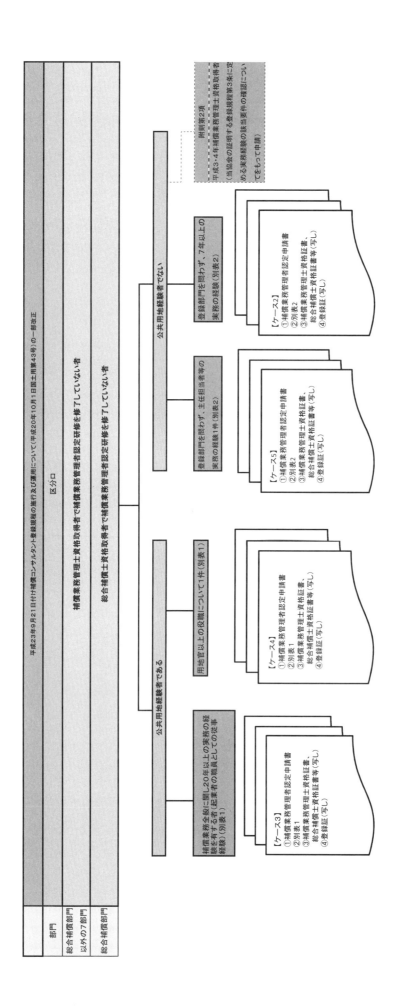

ケース1

別記様式第1号

補償業務管理者認定申請書

補償コンサルタント登録規程に基づく登録を受けるため、下記の者が

[登録規程第3条第1号ただし書
　同規程第3条第1号ロ]

に該当するものであることの認定を受けたいので、申請いたします。

　　　　　　　　　　　　　　　　　　　　　　　平成 ○ 年 ○ 月 ○ 日

　　　　　　　　　　　　　　　　東京都千代田区○○町○丁目○○番○○号
　　　　　　　　　　　申請者　　株式会社 ○○○○コンサルタント　㊞
　　　　　　　　　　　　　　　　代表取締役　○○　○○

　関東地方整備局長　殿

　　　　　　　　　　　　　　　　記

登録を受けようとする登録部門	○○○○部門		
補償業務管理者の氏名	○○　○○	生年月日	昭和 ○ 年 ○ 月 ○ 日
住　　所	○○市○○町○丁目○番○号		

　実務経歴は、別表　　（補償コンサルタント業補償業務管理者認定研修修了者にあっては、同研修修了証書の写）のとおり。

　上記の者は別表のとおり実務の経験を有することに相違ありません。

　　　　　　　　　　　　　　　　　　　　　　　平成 ○ 年 ○ 月 ○ 日

　　　　　　　　　　　　　　　　東京都千代田区○○町○丁目○○番○○号
　　　　　　　　　　　申請者　　株式会社 ○○○○コンサルタント　㊞
　　　　　　　　　　　　　　　　代表取締役　○○　○○

備考
1　「登録規程第3条第1号ただし書」又は「同規程第3条第1号ロ」は不要なものを消すこと。
2　補償業務全般に関する実務経歴は、別表1に記載して添付すること。
3　起業者である発注者から直接に受託又は請け負った補償業務に関する実務の経験（主任担当者等の立場で業務の管理及び統轄を行った経験を含む。）は、別表2に記載して添付すること。
4　補償業務管理士の資格の登録を受けている者にあっては、同資格証書（補償業務管理士登録証を含む。）の写を添付すること。
5　補償コンサルタント業補償業務管理者認定研修修了者とは、平成4年度から平成23年度までに同認定研修を修了した者をいう。

公研 第　　号

修　了　証　書

　　　　　　　　　　　殿
　　　　　　　年　月　日生

　あなたは、平成　年度補償コンサルタント業補償業務管理者認定研修の全課程を修了したことを証します。

平成　年　月　日

　　　財団法人　公共用地補償機構
　　　理事長　小髙　剛

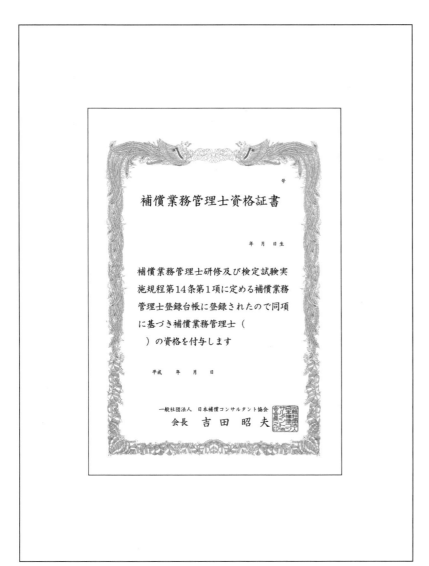

ケース2

別記様式第1号

補償業務管理者認定申請書

補償コンサルタント登録規程に基づく登録を受けるため、下記の者が

［ 登録規程第3条第1号ただし書
　 同規程第3条第1号ロ ］

に該当するものであることの認定を受けたいので、申請いたします。

　　　　　　　　　　　　　　　　　　　　　平成 ○ 年 ○ 月 ○ 日

　　　　　　　　　　　　　　　東京都千代田区○○町○丁目○○番○○号
　　　　　　　　　申請者　　株式会社 ○○○○コンサルタント　　㊞
　　　　　　　　　　　　　　代表取締役　○○　○○

関東地方整備局長　　殿

記

登録を受けようとする登録部門	○○○○部門	
補償業務管理者の氏名	○○　○○	生年月日　昭和 ○ 年 ○ 月 ○ 日
住　所	○○市○○町○丁目○番○号	

実務経歴は、別表1（補償コンサルタント業補償業務管理者認定研修修了者にあっては、同研修修了証書の写）のとおり。

上記の者は別表のとおり実務の経験を有することに相違ありません。

　　　　　　　　　　　　　　　　　　　　　平成 ○ 年 ○ 月 ○ 日

　　　　　　　　　　　　　　　東京都千代田区○○町○丁目○○番○○号
　　　　　　　　　申請者　　株式会社 ○○○○コンサルタント　　㊞
　　　　　　　　　　　　　　代表取締役　○○　○○

備考
1　「登録規程第3条第1号ただし書」又は「同規程第3条第1号ロ」は不要なものを消すこと。
2　補償業務全般に関する実務経歴は、別表1に記載して添付すること。
3　起業者である発注者から直接に受託又は請け負った補償業務に関する実務の経験（主任担当者等の立場で業務の管理及び統轄を行った経験を含む。）は、別表2に記載して添付すること。
4　補償業務管理士の資格の登録を受けている者にあっては、同資格証書（補償業務管理士登録証を含む。）の写を添付すること。
5　補償コンサルタント業補償業務管理者認定研修修了者とは、平成4年度から平成23年度までに同認定研修を修了した者をいう。

別表2

(用紙A4)

補償業務管理者実務経歴書
(受託(請負)による補償業務経験者)

氏名	○○ ○○	現住所	○○市○○町○丁目○番○号		
期 間		実務経験年数	実 務 経 験 の 内 容		
			業務の内容(業務上の役割)	契約の相手方	契約金額
自 H○○年○月 至 H○○年○月		年 2 月	(株)○○補償コンサルタント 国道○○号線○○バイパス 工損調査業務 権利者確認調査○○○㎡ (担当者)	○○県○○整備事務所	3,000千円
自 H○○年○月 至 H○○年○月		年 3 月	(株)○○補償コンサルタント ○○地区家屋等事前調査業務 (建物事前) (担当者)	○○市	7,000千円
自 H○○年○月 至 H○○年○月		年 2 月	(株)○○補償コンサルタント 国道○○号線○○バイパス建物調査等業務 (建物○○棟、営業○件) (担当者)	○○地方整備局 ○○国道事務所	5,000千円
自 H○○年○月 至 H○○年○月		年 2 月	(株)○○補償コンサルタント ○○地区物件調査等業務(建物○○棟、営業○件) (担当者)	○○県○○整備事務所	5,000千円
自 H○○年○月 至 H○○年○月		年 1 月	(株)○○補償コンサルタント 国道○○号線○○バイパス用地調査業務 (用地測量○○○㎡) (担当者)	○○県○○整備事務所	3,000千円
自 H○○年○月 至 H○○年○月		年 1 月	(株)○○補償コンサルタント ○○地区家屋等事前調査業務 (建物事前) (担当者)	○○市	2,000千円
自 H○○年○月 至 H○○年○月		年 2 月	(株)○○補償コンサルタント 国道○○号線○○バイパス 工損調査業務 権利者確認調査○○○㎡(担当者)	○○地方整備局 ○○国道事務所	4,000千円
合 計		7年 10月			

上記の者は、上記のとおり実務の経験を有することに相違ないことを証明します。

平成 ○○年 ○月 ○日
○○市○○町○丁目○番○号
証明者 (株)○○補償コンサルタント
代表取締役○○ ○○ ㊞

証明を得ること ができない場合		その理由		証明者と被証明者 との関係	社 員

記載要領
1 「業務の内容」の欄は、企業名、職名、本人が従事した補償業務について、契約名、規模、本人の業務上の役割等について具体的に記載すること。
2 主任担当者等の立場で業務の管理及び統轄を行った経験を記載する場合は、業務上の役割として当該業務上の立場の名称を記載するものとし、補償業務管理士となった前後、登録部門の別、業務の期間の長短、契約金額の多寡は問わないが、当該業務のすべての期間において主任担当者等として補償業務の履行をつかさどった業務1件について記載すること。
3 証明者が複数ある場合は、証明者ごとに作成すること。

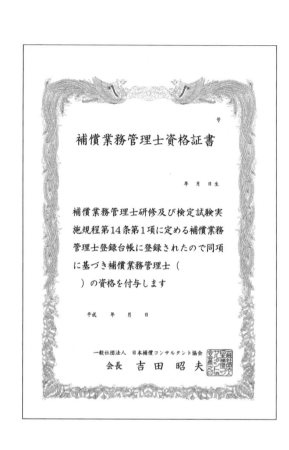

補償業務管理士登録証			
			(0) 第000000号
住所:			
	有効期限 平成〇年10月1日まで		
登録部門	土地調査	＊ ＊	＊ ＊
	土地評価	＊ ＊	＊ ＊
	物件	＊ ＊	＊ ＊
	機械工作物	＊ ＊	＊ ＊
	営業補償・特殊補償	＊ ＊	＊ ＊
	事業損失	＊ ＊	＊ ＊
	補償関連	＊ ＊	＊ ＊
	総合補償	＊ ＊	＊ ＊

発行年月日 平成□年10月1日

(一社)日本補償コンサルタント協会会長

ケース3及びケース4

別記様式第1号

補償業務管理者認定申請書

補償コンサルタント登録規程に基づく登録を受けるため、下記の者が

〔 登録規程第3条第1号ただし書
　同規程第3条第1号ロ 〕

に該当するものであることの認定を受けたいので、申請いたします。

　　　　　　　　　　　　　　　　　　　　　　平成 ○ 年 ○ 月 ○ 日

　　　　　　　　　　　　　　　　　東京都千代田区○○町○丁目○○番○○号
　　　　　　　　申請者　　株式会社 ○○○○コンサルタント　　㊞
　　　　　　　　　　　　　代表取締役 ○○ ○○

関東地方整備局長　殿

記

登録を受けようとする登録部門	○○○○部門		
補償業務管理者の氏名	○○　○○	生年月日	昭和 ○ 年 ○ 月 ○ 日
住　所	○○市○○町○丁目○番○号		

　実務経歴は、別表 1（補償コンサルタント業補償業務管理者認定研修修了者にあっては、同研修修了証書の写）のとおり。

　上記の者は別表のとおり実務の経験を有することに相違ありません。

　　　　　　　　　　　　　　　　　　　　　　平成 ○ 年 ○ 月 ○ 日

　　　　　　　　　　　　　　　　　東京都千代田区○○町○丁目○○番○○号
　　　　　　　　申請者　　株式会社 ○○○○コンサルタント　　㊞
　　　　　　　　　　　　　代表取締役 ○○ ○○

備考
1　「登録規程第3条第1号ただし書」又は「同規程第3条第1号ロ」は不要なものを消すこと。
2　補償業務全般に関する実務経歴は、別表1に記載して添付すること。
3　起業者である発注者から直接に受託又は請け負った補償業務に関する実務の経験（主任担当者等の立場で業務の管理及び統轄を行った経験を含む。）は、別表2に記載して添付すること。
4　補償業務管理士の資格の登録を受けている者にあっては、同資格証書（補償業務管理士登録証を含む。）の写を添付すること。
5　補償コンサルタント業補償業務管理者認定研修修了者とは、平成4年度から平成23年度までに同認定研修を修了した者をいう。

別表1

(用紙A4)

補償業務管理者実務経歴書
(補償業務経験者)

氏　　　名		現　　住　　所		
山田　一郎		○○市○○町○丁目○番○号		
年月日	所　属	役職名	職務の内容	実務期間
自S53.4.1 至S56.3.31	建設省○○工事事務所用地第一課		用地補償業務全般	3 年 0 月
自S56.4.1 至S60.3.31	建設省○○工事事務所用地第一課	主任	用地補償業務全般	4 年 0 月
自S60.4.1 至S63.3.31	建設省○○工事事務所用地第一課	用地係長	用地補償業務全般	3 年 0 月
自S63.4.1 至H3.3.31	建設省○○工事事務所用地課	用地係長	用地補償業務全般	3 年 0 月
自H3.4.1 至H5.3.31	建設省○○工事事務所用地第二課	用地係長	用地補償業務全般	2 年 0 月
自H5.4.1 至H7.3.31	建設省○○工事事務所用地第一課	用地係長	用地補償業務全般	2 年 0 月
自H7.4.1 至H9.3.31	建設省○○工事事務所用地課	○用地官	用地補償業務全般	2 年 0 月
自H9.4.1 至H11.3.31	建設省○○工事事務所用地一課	○用地官	用地補償業務全般	2 年 0 月
自H11.4.1 至H12.3.31	建設省○○工事事務所用地第二課	○用地課長	用地補償業務全般	1 年 0 月
自H12.4.1 至H15.3.31	建設省○○工事事務所用地第一課	○用地課長	用地補償業務全般	3 年 0 月
自H15.4.1 至H16.3.31	国土交通省○○事務所用地課	○用地課長	用地補償業務全般	1 年 0 月
補償業務実務経験		合　計		26 年 0 月
		うち指導監督的実務経験		9 年 0 月

上記の者は、上記のとおり実務経歴の内容に相違ないことを証明する。

　　　　　　　　　　　　　　　　　　平成　26 年　6 月　1 日
　　　　　　　　　　　　　　　　　　国土交通省○○地方整備局長
　　　　　　　　　　　証明者
　　　　　　　　　　　　　　　　　　　□□　□□　　　㊞

記載要領
1　「実務期間」の欄は、補償業務に従事した期間のみ記載すること。
2　指導監督的実務経験に該当する役職名には○印を付すること。
3　証明者は、退職時における所属機関の人事担当部局長とすること。
4　補償業務管理士の資格の登録を受けている者で、20年以上の補償業務実務経験を有する者は、2の○印は不要。
5　補償業務管理士の資格の登録を受けている者で、指導監督的実務経験を有する者は、該当する役職のうち1つについて記載すること。

補償業務管理士登録証			
			(0) 第000000号
住所:			
	有効期限 平成○年10月1日まで		
登録部門	土地調査	＊ ＊	＊ ＊
	土地評価	＊ ＊	＊ ＊
	物件	＊ ＊	＊ ＊
	機械工作物	＊ ＊	＊ ＊
	営業補償・特殊補償	＊ ＊	＊ ＊
	事業損失	＊ ＊	＊ ＊
	補償関連	＊ ＊	＊ ＊
	総合補償	＊ ＊	＊ ＊

発行年月日 平成□年10月1日

(一社)日本補償コンサルタント協会会長

ケース5

別記様式第1号

補償業務管理者認定申請書

　補償コンサルタント登録規程に基づく登録を受けるため、下記の者が
〔登録規程第3条第1号ただし書〕
〔同規程第3条第1号ロ〕
に該当するものであることの認定を受けたいので、申請いたします。

　　　　　　　　　　　　　　　　　　　　　　　平成 ○ 年 ○ 月 ○ 日

　　　　　　　　　　　　　　　　東京都千代田区○○町○丁目○○番○○号
　　　　　　　　　　　申請者　　株式会社 ○○○○コンサルタント　　㊞
　　　　　　　　　　　　　　　　代表取締役　○○　○○

　　　関東地方整備局長　殿

記

登録を受けようとする登録部門	○○○○部門		
補償業務管理者の氏名	○○　○○	生年月日	昭和 ○ 年 ○ 月 ○ 日
住　　所	○○市○○町○丁目○番○号		

　実務経歴は、別表2（補償コンサルタント業補償業務管理者認定研修修了者にあっては、同研修修了証書の写）のとおり。

　上記の者は別表のとおり実務の経験を有することに相違ありません。

　　　　　　　　　　　　　　　　　　　　　　　平成 ○ 年 ○ 月 ○ 日

　　　　　　　　　　　　　　　　東京都千代田区○○町○丁目○○番○○号
　　　　　　　　　　　申請者　　株式会社 ○○○○コンサルタント　　㊞
　　　　　　　　　　　　　　　　代表取締役　○○　○○

備考
1　「登録規程第3条第1号ただし書」又は「同規程第3条第1号ロ」は不要なものを消すこと。
2　補償業務全般に関する実務経歴は、別表1に記載して添付すること。
3　起業者である発注者から直接に受託又は請け負った補償業務に関する実務の経験（主任担当者等の立場で業務の管理及び統轄を行った経験を含む。）は、別表2に記載して添付すること。
4　補償業務管理士の資格の登録を受けている者にあっては、同資格証書（補償業務管理士登録証を含む。）の写を添付すること。
5　補償コンサルタント業補償業務管理者認定研修修了者とは、平成4年度から平成23年度までに同認定研修を修了した者をいう。

別表2

(用紙A4)

補償業務管理者実務経歴書
(受託（請負）による補償業務経験者)

氏名	山田 一郎		現住所	○○市○○町○丁目○番○号	
期　間		実務経験年数	実務経験の内容		
			業務の内容（業務上の役割）	契約の相手方	契約金額
自 H25年 8月 至 H26年 3月		年 2 月	(株)○○補償コンサルタント 国道○○号線○○バイパス 工損調査業務 権利者確認調査○○○㎡（主任担当者）	○○県○○整備事務所	3,000千円
自　　年　　月 至　　年　　月		年　　月			
自　　年　　月 至　　年　　月		年　　月			
自　　年　　月 至　　年　　月		年　　月			
自　　年　　月 至　　年　　月		年　　月			
自　　年　　月 至　　年　　月		年　　月			
自　　年　　月 至　　年　　月		年　　月			
合　　計		年　　月			

上記の者は、上記のとおり実務の経験を有することに相違ないことを証明します。

平成　26年　6月　1日

○○市○○町○丁目○番○号
証明者　（株）○○補償コンサルタント
　　　　代表取締役○○　○○　㊞

証明を得ることができない場合	その理由		証明者と被証明者との関係	社　員

記載要領
1　「業務の内容」の欄は、企業名、職名、本人が従事した補償業務について、契約名、規模、本人の業務上の役割等について具体的に記載すること。
2　主任担当者等の立場で業務の管理及び統轄を行った経験を記載する場合は、業務上の役割として当該業務上の立場の名称を記載するものとし、補償業務管理士となった前後、登録部門の別、業務の期間の長短、契約金額の多寡は問わないが、当該業務のすべての期間において主任担当者等として補償業務の履行をつかさどった業務1件について記載すること。
3　証明者が複数ある場合は、証明者ごとに作成すること。

2
更新登録

2 更新登録

必要提出書類（綴じ込み順）

(1) 補償コンサルタント登録申請書･････････････････････････（様式第1号）･････････92
(2) 営業所、登録部門･･････････････････････････････････････（様式第1号別表）････93
(3) 補償業務管理者証明書･･････････････････････････････････（様式第5号）･････････94
(4) 補償業務管理者実務経歴書･･････････････････････････････（様式第5号別表1）･･･95
　　登録規程第3条第1号ただし書及び同規程第3条第1号ロ号申請者の場合は、当初認定を受けた(6)―1、(6)―2、(7)―1、(7)―2又は(8)の写し
(5) 指導監督的実務経歴書･･････････････････････････････････（様式第5号別表2）･･･99
(6)―1　補償業務管理者認定申請書（写し）
　　　　［登録規程第3条第1号ロに該当する者の場合］･･････････（別記様式第1号）･････100
(6)―2　補償業務管理者実務経歴書（補償業務経験者）（写し）
　　　　［登録規程第3条第1号ロに該当する者の場合］･･････････（別記様式第1号別表1）101
(7)―1　補償業務管理者認定申請書（写し）
　　　　［登録規程第3条第1号ただし書に該当する者の場合］･･････（別記様式第1号）･･････102
(7)―2　補償業務管理者実務経歴書（補償業務経験者）（写し）
　　　　［登録規程第3条第1号ただし書に該当する者の場合］･･････（別記様式第1号別表1）103
(8) 補償業務管理者認定研修修了証書等　補償コンサルタント業補償業務管理者認定研修修了証書（写し）、補償業務管理士資格証書（補償業務管理士検定試験合格証書）（写し）、補償業務管理士登録証（現に有効なものの写し）･･･104
(9) 誓約書･･･（様式第6号）････････105
(10) 登録申請者の略歴書････････････････････････････････････（様式第7号）････････106
(11) 登記事項証明書･･107
(12) 営業の沿革･･（様式第14号）･･･････108
(13) 補償業務管理者の常勤を証明する書類･･109

〈書類の提出について〉

法人の場合は、上記書類を提出する。
個人の場合は、(11)の書類は不要。（営業に関し成年者と同一の行為能力を有しない未成年者であって、その法定代理人が法人である場合を除く。）
提出部数は**正本1通（写しの返却が必要であれば正本の写しを含め2通）**とし、袋綴じ**（割印）**の上提出する。
提出は、すでに受けている登録の有効期間満了の日の90日前から30日前の間に行う。
なお、手続き終了後申請者宛に通知書（A4サイズ）及び写しが返送されるので**返信用の封筒**（返信用切手貼付、所在地、宛名明記）を同封する。
書類提出先（9頁）参照

登録更新申請に必要な提出書類（綴じ込み順）

	提　出　書　類　名	登録規程等に基づく様式名（別記様式）	補償業務管理者を登録規程第3条第1号イに該当する者で申請する場合	補償業務管理者を登録規程第1号ロに該当する者で申請する場合 公共用地経験者の場合	補償業務管理者を登録規程第1号ロに該当する者で申請する場合 補償業務管理士の場合	補償業務管理者を登録規程第3条第1号ただし書で申請する場合	補償業務管理者を登録規程第3条第1号に該当する者で申請する場合 公共用地経験者の場合	補償業務管理者を登録規程第3条第1号に該当する者で申請する場合 補償業務管理士の場合	補償業務管理者を登録規程第3条第1号ただし書で申請する場合
1	補償コンサルタント登録申請書	第1号	○	○	○	○	○	○	○
2	営業所、登録部門	第1号別表	○	○	○	○	○	○	○
3	補償業務管理者証明書	第5号	○	○	○	○	—	—	○
4	補償業務管理者実務経歴書（附則第2項該当者：実務経歴書に代えて検定試験合格証証書・登録証・確認書）	第5号別表1	○	—	—	○	—	—	○
5	指導監督的実務経歴書	第5号別表2	○	○	—	○	○	—	○
6	補償業務管理者認定申請書	別記様式第1号	○	○	—	—	○	—	—
7	補償業務管理者実務経歴書（補償業務経験者）	別記様式第1号別表1	—	○※2	—	—	○※2	—	—
8	補償業務管理者認定研修修了証書・補償業務管理士資格証書・同登録証		—	—	○※2	—	—	○※2	—
9	誓約書		○	○	○	○	○	○	○
10	登録申請者の略歴書	第6号	○	○	○	○	○	○	○
11	登記事項証明書	第7号	○※1	○※1	○※1	○※1	○※1	○※1	○
12	営業の沿革	第14号	○※2	○※2	○※2	○※2	○※2	○※2	○※2
13	補償業務管理者の常勤を証明する書類（標準報酬決定通知書又は交付1年以内の健康保険被保険者証・後期高齢者の場合は後期高齢者医療被保険者証及び資格喪失確認通知書）		○	○	○	○	○	○	○
14	返信用封筒（返信用切手貼付、所在地、宛名明記）		○	○	○	○	○	○	○

注1　表中の○印は届出に必要な書類を表す。
注2　表中の○印の右に「※1」印がある書類は、電子申請で手続きを行う場合においても、郵送等で別に提出すること表す。
注3　表中の○印の右に「※2」印がある書類は、電子申請で手続きを行う場合において、PDFファイルで提出することを表す。
注4　補償業務管理者が複数部門登録されている場合、それぞれに該当する書類を提出を提出する。
注5　登録の更新をしようとする者が個人の場合、11「登記事項証明書」の添付は必要としない。
注6　表番号1～12の書類、13の書類は、別々にホチキス留め等にし、補償業務管理者の資格の登録を受けている者が補償業務管理者の大臣認定申請を行う場合に必要な書類は70～80頁参照。

(1) 補償コンサルタント登録申請書

別記様式第1号(第4条関係) (用紙A4)

補償コンサルタント登録申請書

補償コンサルタント登録規程第4条第1項の規定により、補償コンサルタントの登録を申請します。

平成 26 年 1 月 25 日

関東地方整備局長　殿

東京都千代田区○○町○丁目○○番○○号
申請者　株式会社 霞ヶ関補償コンサルタント　㊞
代表取締役　田中 一郎

（ふりがな）商号又は名称	かすみがせきほしょうこんさるたんと 株式会社 霞ヶ関補償コンサルタント	申請の区分	~~新規の登録~~・登録の更新
資本金額（出資総額を含む）	48,000　千円	現に受けている登録番号及び登録年月日	補21 － 9999 平成 21 年 3 月 31 日

役員（業務を執行する社員、取締役、執行役又はこれらに準ずる者）の氏名及び役職名

（ふりがな）氏　名	役職名	（ふりがな）氏　名	役職名	他に営業を行っている場合は、その営業の種類
たなか いちろう 田中 一郎	代表取締役			測量業 1級建築士事務所
よしだ じろう 吉田 二郎	取締役			
あおやま かずお 青山 和夫	取締役			
つきやま てるお 月山 照男	取締役			役員の他企業役員との兼務状況
ふるた かずなり 古田 一成	取締役			田中一郎　株式会社○○計画 取締役

営業所の名称及び所在地	別表のとおり	登録を受けようとする登録部門及び当該登録部門に係る補償業務の管理をつかさどる専任の者	別表のとおり
※登録番号	－	※登録年月日	平成　　年　　月　　日

記載要領
1　※印のある欄は、記載しないこと。
2　「新規の登録・登録の更新」の欄は、不要のものを消すこと。
3　「資本金額」の欄は、法人である場合に記載すること。
4　「役員の氏名及び役職名」の欄は、個人の場合は、本人及び支配人について記載すること。
5　「役員の他企業役員との兼務状況」の欄は、当該役員が他企業の役員を兼務している場合に、その企業名及び役職名を記載すること。

電話番号	03（0123）4567　番
取扱い責任者 所属 氏名	総務課　佐藤春男

注釈:
- 本社が所在する地域を所管する
  ・北海道開発局
  ・地方整備局
  ・沖縄総合事務局
  の長を申請先として記載する。
- 提出日は必ず記載する。
- 申請者欄には、次の事項を記載し、捺印する。
  ①法人の場合
  ・会社の所在地
  ・会社名及び会社印
  ・代表者氏名及び代表者印
  ②個人の場合
  ・営業所の所在地
  ・名称
  ・本人の氏名及び個人印
- 補償業務以外の営業をいい、営業種目は、当該営業の内容を的確に表現した名称を記載する。
- 法人の場合には記載する。
- 当該役員が他企業の役員を兼務している場合には、その企業名及び役職名を記載する。
- ①法人の場合
  登記事項証明書（履歴事項全部証明書）に記載されたすべての役員（監査役は除く）を記入する。全員書ききれないときは別紙に記載し、2枚目に綴じ込む。
  ②個人の場合
  事業主本人及び支配人について記載する。
- 本申請に関する実務担当者の氏名を記載する。

(2) 営業所、登録部門

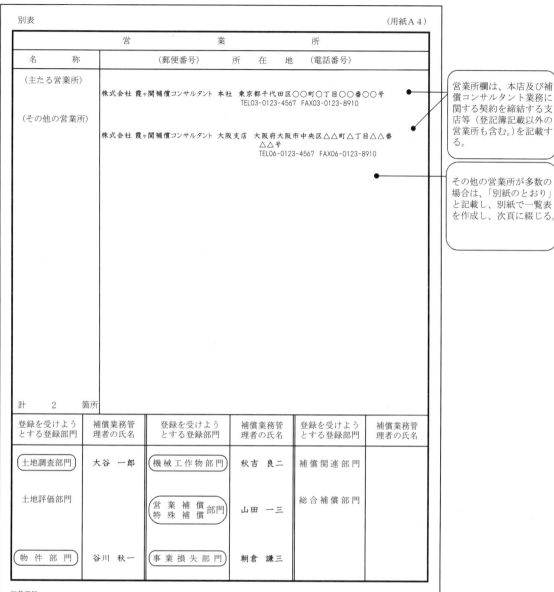

(3) 補償業務管理者証明書

別記様式第5号(第4条関係) （用紙A4）

補償業務管理者証明書

　下記のとおり、登録を受けようとする登録部門に係る補償業務の管理をつかさどる専任の者で補償コンサルタント登録規程第3条第1号イ又はロに該当するもの（総合補償部門の登録を受けようとする場合においては、同条第1号ただし書に該当する者）を置いていることに相違ありません。

平成 26 年 1 月 25 日

東京都千代田区○○町○丁目○○
番○○号
申請者　株式会社 霞ヶ関補償コンサルタント　㊞
代表取締役　田中 一郎

関東地方整備局長　殿

記

登録を受けようとする登録部門	（ふりがな）補償業務管理者の氏名（生年月日）	実務経験年数	区分
土地調査	（おおたにいちろう）大谷一郎（昭和35年8月15日）	10 年 9 月	㋑ ロ
土地評価		年 月	イ ロ
物件	（たにかわしゅういち）谷川秋一（昭和32年2月5日）	11 年 4 月	㋑ ロ
機械工作物	（あきよししょうじ）秋吉良二（昭和19年8月9日）	年 月	イ ㋺
営業補償・特殊補償	（やまだかずみ）山田一三（昭和32年5月5日）	年 月	イ ㋺
事業損失	（あさくらけんぞう）朝倉謙三（昭和30年11月15日）	10 年 7 月	㋑ ロ
補償関連		年 月	イ ロ
総合補償		年 月／年 月	イ ロ

実務経験の内訳は別表1のとおり。
指導監督的実務の経験の内訳は別表2のとおり。

記載要領
1　「区分」の欄は、補償コンサルタント登録規程第3条第1号イに該当する者についてはイ、同号ロに該当する者についてはロを○で囲むこと。ただし、総合補償部門の登録を受けようとする者にあっては、当該登録部門に係る補償業務の管理をつかさどる専任の者で、当該登録部門に係る補償業務に関し7年以上の実務経験を有する者であって補償業務に関し5年以上の指導監督的実務の経験を有するものについてはイ、これと同程度の実務の経験を有するものとして国土交通大臣が認定した者についてはロを○で囲むこと。
2　総合補償部門の登録を受けようとする者は、実務経験年数及び指導監督的実務の経験年数を記載すること。

申請者欄には、次の事項を記載し、捺印する。
①法人の場合
・会社の所在地
・会社名及び会社印
・代表者氏名及び代表者印
②個人の場合
・営業所の所在地
・名称
・本人の氏名及び個人印

区分欄のイ・ロの区分
・イに該当する者
　登録部門に係る補償業務に関し7年以上の実務経験を有する者
・ロに該当する者
(1) 国家公務員又は地方公務員等として補償業務全般に関する指導監督的実務の経験3年以上を含む20年以上の実務経験を有する者
(2) 補償業務管理士の資格を有する者で、財団法人公共用地補償機構の行う「補償コンサルタント業補償業務管理者認定研修」を修了した者又は登録部門に関わらず起業者である発注者から直接に受託若しくは請け負った補償業務に関し（課長通知2(2)）と同様の算定による7年以上の実務の経験を有する者、補償業務全般に関し20年以上の実務の経験を有する者又は（課長通知2(2)）若しくは（課長通知2(4)）の指導監督的実務の経験を有する者

登録規程第3条第1号イに該当する者については、「補償業務管理者実務経歴書」の実務経験年数欄の合計の年数を記載する。
同号ロに該当する者については、年数を記載せず、空欄とする。

(4) 補償業務管理者実務経歴書

① 土地調査部門

別表1
[土地調査部門]

補償業務管理者実務経歴書

(用紙A4)

補償業務管理者の氏名	大合 一郎		住所	○○市○○町○丁目○番○○号	
期 間	実務経験年数	業 務 の 名 称		経 験 の 内 容	
				実務の内容	契約の相手方の名称	契 約 金 額

期 間	実務経験年数	業 務 の 名 称	実務の内容	契約の相手方の名称	契 約 金 額
自 平成 24年 7月 至 平成 24年 8月	年 0.5月	株式会社費ヶ関補償コンサルタント 調査課係長(以下同じ。) ○○川河川改修工事(○○地内)用地測量業務(用地調査含む。) S=5,000㎡	担当者	○○県 ○○土木事務所	1,500千円のうち 用地調査 400千円
自 平成 24年 7月 至 平成 24年 8月	年 0.7月	○○線(○○地内)交通安全対策工事用地調査業務 S=13,000㎡	担当者	○○県 ○○土木事務所	700千円
自 平成 24年 9月 至 平成 24年 11月	年 1月	○○市○○水路測量業務(用地調査) S=20,000㎡	担当者	○○市	1,300千円
自 平成 24年 10月 至 平成 24年 12月	年 1.5月	○○線道路改良工事(○○地内)用地調査業務 S=40,000㎡	担当者	○○県 ○○地方振興局	2,000千円
自 平成 25年 1月 至 平成 25年 4月	年 1月	株式会社費ヶ関補償コンサルタント 調査課課長(以下同じ。) ○○川川改修工事(○○地内)用地調査業務 S=10,000㎡	主任技術者	○○県 ○○地方振興局	1,500千円
自 平成 25年 4月 至 平成 25年 9月	年 4月	○○川総合治水対策特定河川工事(○○地内)用地調査業務 S=90,000㎡	主任技術者	○○県 ○○地方振興局	6,000千円
自 平成 25年 9月 至 平成 25年 10月	年 0.5月	○○線道路改良工事(○○地内)用地調査業務 S=4,000㎡	主任技術者	○○県 ○○土木事務所	600千円
合 計	10年 9月 (9.2月)	前回まで7年8月、今回3年1月、合計10年9月			

上記の者は、上記のとおり実務の経験を有することに相違ないことを証明します。

平成 ○○年 ○月 ○○日

証明者 東京都千代田区○○町○丁目○○番○○号
株式会社費ヶ関補償コンサルタント ㊞
代表取締役 田中 一郎

証明者と被証明者 との関係	社 員

証明を得ることができな い場合	その理由	

記載要領
1 「実務の内容」の欄は、企業名、職名、本人が従事した補償業務について、契約名、規模、本人の業務上の役割等について具体的に記載すること。
2 証明者ごとに作成すること。

【欄外注記(右側・上から)】

・補償業務管理者証明書の区分で「イ」に該当する者」とした場合に本実務経歴書を作成する。

・本実務経歴書は、受注した契約ごとに記載する。
下請業務は、本経歴に入らないので記述できない。

・登録申請部門名を記載する。

・期間は、契約期間を記載する。
期間は、前回更新時以降又は前回更新時以降に追加登録あるいは変更届出提出以降とする。

・実務経験年数は、契約期間のうち、当該業務に本人が直接従事した日数を合計し、30日を1月、20日を0.7月、15日を0.5月、10日を0.3月として記載する。
申請部門を他の部門の業務と一括受注した場合、申請部門に係る従事期間で算定する。

・同じ「期間」に重複する契約がある場合、暦年(こよみ上の1年間)で補償業務の通算期間が1年間を超えることはできない。

・各頁ごとに小計を記する。

・「前回まで」には、「前回更新時に記載した年数」又は「前回更新時以降に登録追加又は変更届提出時点に記載した年数」を記載し、「今回」は、それ以降の年数を記載する。
(次頁に続く)

② 物件部門

別表1
[物件部門]

補償業務管理者実務経歴書

補償業務管理者の氏名　谷川　秋一　　住所　○○市○○町○丁目○番○○号

(用紙A4)

期 間	実務経験年数	実務の内容		契約の相手方の名称	契約金額
		業務名	実務内容		
自 平成24年 7月 至 平成24年 8月	年 0.5月	株式会社霞ヶ関補償コンサルタント（○○地内）建物調査業務 ○○川河川改修工事（○○地内）建物調査業務 建物 2棟 300㎡	担当者	○○県 ○○地方振興局	400千円
自 平成24年 8月 至 平成24年 9月	年 1月	都市計画街路事業○○線道路改良工事用地調査等業務 (建物調査) 建物 5棟 600㎡	担当者	○○県 ○○地方振興局	18,000千円のうち 建物調査 900千円
自 平成24年10月 至 平成24年11月	年 1.5月	○○線（○○地内）道路改良工事 建物調査業務 建物 7棟 900㎡	担当者	国土交通省 ○○○○事務所	2,000千円
自 平成24年12月 至 平成25年 2月	年 2月	○○地区道路改良工事○○路線 物件補償調査業務 建物 10棟 1,200㎡	担当者	○○県 ○○土木事務所	3,000千円
自 平成25年 4月 至 平成25年 7月	年 2.5月	○○ダム建設に伴う移転等家屋調査業務 建物 18棟 1,900㎡	担当者	農林水産省 ○○農業水利事務所	5,000千円
自 平成25年 8月 至 平成25年10月	年 1月	株式会社霞ヶ関補償コンサルタント（以下同じ。） 国道○○号線○○地区道路改良工事用地調査等業務 (建物調査) 建物 12棟	主任技術者	○○県 ○○土木事務所	1,100千円
自 平成25年10月 至 平成25年11月	年 0.7月	都市計画街路事業○○線道路改良工事用地調査等業務 (建物調査) 建物 4棟 450㎡	主任技術者	○○県 ○○土木事務所	10,000千円のうち 建物調査 700千円
合 計	11年 4月 (9.2月)	前回まで8年11月、今回2年5月、合計11年4月			

| 証明を得ることができない場合 | その理由 | |

上記の者は、上記のとおり実務の経験を有することに相違ないことを証明します。

平成 ○○年 ○月 ○○日

証明者　東京都千代田区○○町○丁目○番○○号
　　　　株式会社霞ヶ関補償コンサルタント
　　　　代表取締役　田中 一郎　㊞

| 証明者と被証明者との関係 | 社 員 |

記載要領
1 「実務の内容」の欄は、企業名、職名、本人が従事した補償業務について、契約名、業務名、規模、本人の業務上の役割等について具体的に記載すること。
2 証明者ごとに作成すること。

③ 事業損失部門

別表1
[事業損失部門]

(用紙A4)

補償業務管理者実務経歴書

補償業務管理者の氏名	朝倉 謙三		住所	○○市○○町○丁目○番○○号	
期 間	実務経験年数	実務の内容		経験の内容	契約金額
		業務の内容	実務の内容	契約の相手方の名称	
自 平成24年 2月 至 平成24年 4月	年 1月	株式会社霞ヶ関補償コンサルタント 調査第2部長(以下同じ。) ○○港湾改修工事 建物等事前調査業務 建物 12棟 1,600㎡	主任技術者	○○県 ○○地方振興局	1,700千円
自 平成24年 5月 至 平成24年 8月	年 2.5月	○○川水系○○砂防堤提工事 水枯渇補償算定業務 30棟	主任技術者	国土交通省 ○○○○事務所	4,600千円
自 平成24年 7月 至 平成24年10月	年 1.5月	高速自動車国道○○線高架橋建設工事に伴う受信障害影響事前調査業務 200棟	主任技術者	○○高速道路㈱ ○○工事事務所	2,400千円
自 平成24年11月 至 平成25年 1月	年 0.7月	○○川激甚災害対策特別緊急事業家屋事前調査業務 建物 8棟 1,200㎡	主任技術者	○○県 ○○地方振興局	1,200千円
自 平成25年 1月 至 平成25年 3月	年 1月	都市計画街路事業○○線道路改良工事日照害調査算定業務 建物 5棟	主任技術者	○○県 ○○土木事務所	1,800千円
自 平成25年 5月 至 平成25年 6月	年 0.5月	国道○○号線○○地区家屋事前・事後調査業務 建物 3棟 280㎡	主任技術者	国土交通省 ○○○○事務所	700千円
自 平成25年 7月 至 平成25年 7月	年 0.5月	広域農道○○線拡幅工事家屋等事前調査業務 建物 2棟 180㎡	主任技術者	○○県 ○○地方振興局	600千円
合 計	(7.7月) 10年 7月	前回まで9年3月、今回1年4月、合計10年7月			

証明を得ることができない場合	その理由	

上記の者は、上記のとおり実務の経験を有することに相違ないことを証明します。

平成 ○○年 ○月 ○○日

証明者 東京都千代田区○○町○丁目○○番○○号
株式会社霞ヶ関補償コンサルタント ㊞
代表取締役 田中 一郎

証明者と被証明者との関係	社 員

記載要領
1 「業務の内容」の欄は、企業名、職名、本人が従事した補償業務について、契約名、規模、本人の業務上の役割等について具体的に記載すること。
2 証明者ごとに作成すること。

④ 総合補償部門

別表1
[総合補償部門]

補償業務管理者実務経歴書 (用紙A4)

補償業務管理者の氏名			住所			
期 間	実務経験年数	業務の内容		経験の内容	契約の相手方の名称	契約金額
		業務の内容	実務の内容			
自 年 月 至 年 月	年 月					
自 年 月 至 年 月	年 月					
自 年 月 至 年 月	年 月					
自 年 月 至 年 月	年 月					
自 年 月 至 年 月	年 月					
自 年 月 至 年 月	年 月					
自 年 月 至 年 月	年 月					
自 年 月 至 年 月	年 月					
合　計						

上記の者は、上記のとおり実務の経験を有することに相違ないことを証明します。

平成　年　月　日

証明者

証明を得ることができない場合	その理由		証明者と被証明者との関係

記載要領
1 「業務の内容」の欄は、企業名、職名、本人が従事した補償業務について、契約名、規模、本人の業務上の役割等について具体的に記載すること。
2 証明者ごとに作成すること。

(5) 指導監督的実務経歴書

別表2

(用紙A4)

指導監督的実務経歴書

氏 名：　　　　　　　　住 所：

期 間	指導監督的実務経験年数	指導監督の内容		指導監督的実務経験の内容		
		業 務 の 内 容		業務上の役割	契約の相手方の名称	契約金額
自 平成　　年　　月 至 平成　　年　　月	年　　月					
自 平成　　年　　月 至 平成　　年　　月	年　　月					
自 平成　　年　　月 至 平成　　年　　月	年　　月					
自 平成　　年　　月 至 平成　　年　　月	年　　月					
自 平成　　年　　月 至 平成　　年　　月	年　　月					
自 平成　　年　　月 至 平成　　年　　月	年　　月					
自 平成　　年　　月 至 平成　　年　　月	年　　月					
合　　計	年　　月					

上記の者は、上記のとおり指導監督的実務の経験を有することに相違ないことを証明します。

証明を得ることができない場合	その理由	

平成 ○○年　○月　○○日

証明者　　　　　　　　　　㊞

証明者と被証明者との関係

記載要領
1 「業務の内容」の欄は、企業名、職名、本人が従事した補償業務について、契約名、登録部門、規模等について具体的に記載すること。
2 「業務上の役割」の欄は、主任担当者等当該補償業務に係る業務上の立場の名称を記載すること。
3 証明者ごとに作成すること。

⑹-1　補償業務管理者認定申請書（写し）［登録規程第3条第1号ロに該当する者の場合］

別記様式第1号

補償業務管理者認定申請書

補償コンサルタント登録規程に基づく登録を受けるため、下記の者が

［ 登録規程第3条第1号ただし書
　 同規程第3条第1号ロ ］

に該当するものであることの認定を受けたいので、申請いたします。

平成 20 年 9 月 25 日

東京都千代田区〇〇町〇丁目〇〇番〇〇号

申請者　株式会社　霞ヶ関補償コンサルタント　㊞
　　　　代表取締役　田中　一郎

関東地方整備局長　殿

記

登録を受けようとする登録部門	機械工作物部門		
補償業務管理者の氏名	秋 吉 良 二	生年月日	昭和 19 年 8 月 9 日
住　所	〇〇市〇〇町〇丁目〇番〇号		

実務経歴は別表（補償コンサルタント業補償業務管理者認定研修修了者にあっては、同研修修了証書の写）のとおり。

上記の者は別表のとおり実務の経験を有することに相違ありません。

平成 20 年 9 月 25 日

東京都千代田区〇〇町〇丁目〇〇番〇〇号

申請者　株式会社　霞ヶ関補償コンサルタント　㊞
　　　　代表取締役　田中　一郎

登録規程第3条第1号ロに該当する者

⑴　国家公務員又は地方公務員等として補償業務全般に関する指導監督的実務の経験3年以上を含む20年以上の実務経験を有する者

⑵　補償業務管理士の資格を有する者で、財団法人公共用地補償機構の行う「補償コンサルタント業補償業務管理者認定研修」を修了した者又は登録部門に関わらず起業者である発注者から直接に受託若しくは請け負った補償業務に関し（課長通知2⑵）と同様の算定による7年以上の実務の経験を有する者、補償業務全般に関し20年以上の実務の経験を有する者又は（課長通知2⑵）若しくは（課長通知2⑷）の指導監督的実務の経験を有する者の場合については、前回更新時、前回更新時以降に変更届出書又は登録追加申請書に添付して提出した補償業務管理者認定申請書のコピーを以下の書類とともに補償業務管理者証明書の後に綴り込む。

上記⑴の者の場合、
・補償業務管理者実務経歴書（補償業務経験者）

上記⑵の者の場合、
・補償業務管理者認定研修修了証書（写し）又は、補償業務管理者実務経歴書（補償業務経験者又は受託（請負）による補償業務経験者）別表1又は別表2
・補償業務管理士資格証書（補償業務管理士検定試験合格証書）（写し）
・補償業務管理士登録証（現に有効なものの写し）

⑹-2 補償業務管理者実務経歴書（補償業務経験者）（写し）[登録規程第3条第1号ロに該当する者の場合]

国家公務員又は地方公務員等として補償業務全般に関する指導監督的実務の経験3年以上を含む20年以上の実務経験を有する者の場合

別表1

補償業務管理者実務経歴書
（補償業務経験者）

氏　名		現　住　所			
秋 吉 良 二		○○市○○町○丁目○番○号			
年月日	所　属	役職名	職務の内容	実務期間	
自 S44.5.1 至 S50.3.31	建設省○○工事事務所用地第二課		用地補償業務全般	5 年 11 月	
自 S50.4.1 至 S54.9.30	建設省○○工事事務所用地第一課		用地補償業務全般	4 年 6 月	
自 S54.10.1 至 S58.3.31	建設省○○工事事務所用地第一課	主任	用地補償業務全般	3 年 6 月	
自 S58.4.1 至 S62.5.30	建設省○○工事事務所用地第一課	用地係長	用地補償業務全般	4 年 2 月	
自 S62.6.1 至 H2.3.31	建設省○○工事事務所用地第一課	用地係長	用地補償業務全般	2 年 10 月	
自 H2.4.1 至 H6.3.31	建設省○○工事事務所用地課	用地係長	用地補償業務全般	4 年 0 月	
自 H6.4.1 至 H7.3.31	建設省○○工事事務所用地課	○用地官	用地補償業務全般	1 年 0 月	
自 H7.4.1 至 H10.3.31	国土交通省○○工事事務所用地第一課	○用地官	用地補償業務全般	3 年 0 月	
自 H10.4.1 至 H11.3.31	国土交通省○○事務所用地課	○用地課長	用地補償業務全般	1 年 0 月	
自 H11.4.1 至 H12.3.31	国土交通省○○事務所用地第一課	○用地課長	用地補償業務全般	1 年 0 月	
補償業務実務経験			合　計	30 年 11 月	
			うち指導監督的実務経験	6 年 0 月	

上記の者は、上記のとおり実務経歴の内容に相違ないことを証明する。

平成 20 年 9 月 25 日

国土交通省○○地方整備局長

証明者　　　　□□　□□　　㊞

補足説明：
- 国家公務員又は地方公務員等として補償業務全般に関する指導監督的実務の経験3年以上を含む20年以上の実務経験を有する者が申請する場合、この実務経歴書による。
- 所属が用地課・係以外の場合は、所属ごとに従事した事業名、用地に係わる業務の内容等を具体的に記入する。記載事項が多い場合は、別に説明資料を作成し添付する。
- 補償業務に従事した期間のみを記載する。

記載要領
1. 「実務期間」の欄は、補償業務に従事した期間のみ記載すること。
2. 指導監督的実務経験に該当する役職名には○印を付すこと。
3. 証明者は、退職時における所属機関の人事担当部局長とすること。

⑺-1　補償業務管理者認定申請書（写し）[登録規程第3条第1号ただし書に該当する者の場合]

別記様式第1号

補償業務管理者認定申請書

補償コンサルタント登録規程に基づく登録を受けるため、下記の者が

[登録規程第3条第1号ただし書
  同規程第3条第1号ロ]

に該当するものであることの認定を受けたいので、申請いたします。

平成 0 年 0 月 0 日

東京都千代田区○○町○丁目○○番○
○号
申請者　株式会社　霞ヶ関補償コンサルタント　㊞
代表取締役　田中　一郎

関東地方整備局長　殿

記

登録を受けようとする登録部門	総合補償部門		
補償業務管理者の氏名	○○○○	生年月日	昭和 0 年 0 月 0 日
住　所	○○市○○町○丁目○番○号		

実務経歴は、別表　（補償コンサルタント業補償業務管理者認定研修修了者にあっては、同研修修了証書の写）のとおり。

上記の者は別表　のとおり実務の経験を有することに相違ありません。

平成 0 年 0 月 0 日

東京都千代田区○○町○丁目○○番○○号
申請者　株式会社　霞ヶ関補償コンサルタント　㊞
代表取締役　田中　一郎

登録規程第3条第1号ただし書に該当する者

(1) 国家公務員又は地方公務員等として補償業務全般に関する指導監督的実務の経験7年以上を含む20年以上の実務経験を有する者

(2) 補償業務管理士の資格を有する者で、財団法人公共用地補償機構の行う「補償コンサルタント業補償業務管理者認定研修」を修了した者又は登録部門に関わらず起業者である発注者から直接に受託若しくは請け負った補償業務に関し（課長通知2(2)）と同様の算定による7年以上の実務の経験を有する者、補償業務全般に関し20年以上の実務の経験を有する者又は（課長通知2(2)）若しくは（課長通知2(4)）の指導監督的実務の経験を有する者については、本認定申請書により手続きを行う。

上記(1)の者の場合、
・補償業務管理者実務経歴書（補償業務経験者）別表1
とともにホチキス留め等にする。

上記(2)の者の場合、
・補償業務管理者認定研修修了証書（写し）又は、補償業務管理者実務経歴書（補償業務経験者又は受託（請負）による補償業務経験者）別表1又は別表2
・総合補償士資格証書（特別総合補償部門試験合格証書）（写し）
・補償業務管理士登録証（現に有効なものの写し）
とともにホチキス留め等にする。

⑺-2　補償業務管理者実務経歴書（補償業務経験者）（写し）[登録規程第3条第1号ただし書に該当する者の場合]

（国家公務員又は地方公務員等として補償業務全般に関する指導監督的実務の経験7年以上を含む20年以上の実務経験を有する者の場合）

別表1

補償業務管理者実務経歴書
（補償業務経験者）

氏　　　名		現　　住　　所		
○○○○		○○市○○町○丁目○番○号		
年月日	所　　属	役職名	職務の内容	実務期間
自S44.5.1 至S50.3.31	建設省○○工事事務所用地第二課		用地補償業務全般	5年11月
自S50.4.1 至S54.9.30	建設省○○工事事務所用地第一課		用地補償業務全般	4年6月
自S54.10.1 至S58.3.31	建設省○○工事事務所用地第一課	主任	用地補償業務全般	3年6月
自S58.4.1 至S62.5.30	建設省○○工事事務所用地第一課	用地係長	用地補償業務全般	4年2月
自S62.6.1 至H2.3.31	建設省○○工事事務所用地第一課	用地係長	用地補償業務全般	2年10月
自H2.4.1 至H5.3.31	建設省○○工事事務所用地課	○用地官	用地補償業務全般	3年0月
自H5.4.1 至H7.3.31	建設省○○工事事務所用地課	○用地官	用地補償業務全般	2年0月
自H7.4.1 至H10.3.31	建設省○○工事事務所用地第一課	○用地官	用地補償業務全般	3年0月
自H10.4.1 至H11.3.31	建設省○○工事事務所用地課	○用地課長	用地補償業務全般	1年0月
自H11.4.1 至H12.3.31	建設省○○工事事務所用地第一課	○用地課長	用地補償業務全般	1年0月
補償業務実務経験　　　　　　　　　合　計				30年11月
		うち指導監督的実務経験		10年0月

上記の者は、上記のとおり実務経歴の内容に相違ないことを証明する。

　　　　　　　　　　　　　　　　　　平成00年00月00日
　　　　　　　　　　　　　国土交通省○○地方整備局長
　　　　　　　　　　証明者　　　　□□　□□　　㊞

記載要領
1　「実務期間」の欄は、補償業務に従事した期間のみ記載すること。
2　指導監督的実務経験に該当する役職名には○印を付すこと。
3　証明者は、退職時における所属機関の人事担当部局長とすること。

> 国家公務員又は地方公務員等として補償業務全般に関する指導監督的実務の経験7年以上を含む20年以上の実務経験を有する者が申請する場合、この実務経歴書による。

> 所属が用地課・係以外の場合は、所属ごとに従事した事業名、用地に係わる業務の内容等を具体的に記載する。
> 記載事項が多い場合は、別に説明資料を作成し添付する。

> 補償業務に従事した期間のみを記載する。

⑻ 補償業務管理者認定研修修了証書等

（補償業務管理士の資格を有する者で、財団法人公共用地補償機構の行う「補償コンサルタント業補償業務管理者認定研修」を修了した者の場合）

① 補償コンサルタント業補償業務管理者認定研修修了証書（写し）
② 補償業務管理士資格証書（補償業務管理士検定試験合格証書）（写し）
③ 補償業務管理士登録証（現に有効なものの写し）

※上記の各書類については、67～69頁（「新規登録申請」の補償業務管理者認定研修を修了した者の場合）を参照。

(9) 誓約書

別記様式第6号(第4条関係)　　　　　　　　　　　　　　　　　　(用紙A4)

誓　約　書

　申請者並びに申請者の役員、支配人、法定代理人及び法定代理人の役員は、補償コンサルタント登録規程第6条第1項各号のいずれにも該当しない者であることを誓約します。

　　　平成 25 年 12 月 20 日 ● ──── 誓約した年月日を記載する。

　　　　　　　　　　　東京都千代田区〇〇町〇丁目〇〇
　　　　　　　　　　　番〇〇号
　　　　　申請者　株式会社 霞ヶ関補償コンサルタント　㊞
　　　　　　　　　代表取締役 田中 一郎

　　関東地方整備局長　殿

申請者欄には、次の事項を記載し、捺印する。
①法人の場合
・会社の所在地
・会社名及び会社印
・代表者氏名及び代表者印
②個人の場合
・営業所の所在地
・名称
・本人の氏名及び個人印

別記様式第6号

105　2．更新登録

(10) 登録申請者の略歴書

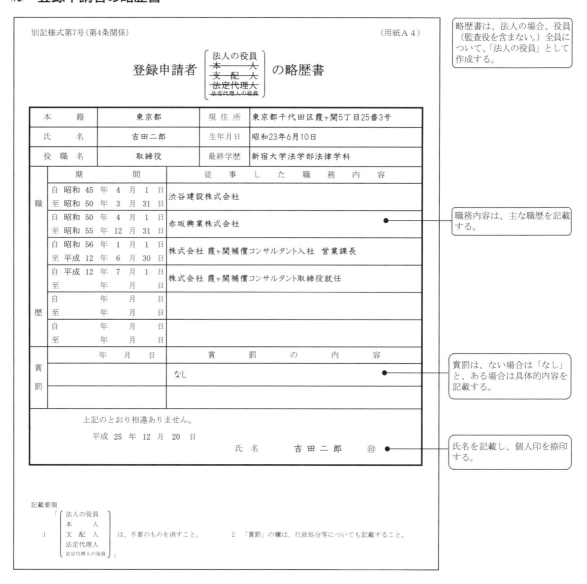

(11) 登記事項証明書

```
                    履歴事項全部証明書
東京都千代田区〇〇町〇丁目〇〇番〇〇号
株式会社 霞ヶ関補償コンサルタント
会社法人等番号  1111-11-111111
```

商号	株式会社 霞ヶ関補償コンサルタント
本店	東京都千代田区〇〇町〇丁目〇〇番〇〇号
公告をする方法	官報に掲載してする。
会社成立の年月日	昭和52年12月1日

> 法人の場合（法定代理人が法人の場合を含む）のみ、登記事項証明書（履歴事項全部証明書）原本を添付する。（発行日から3か月以内のもの）

⑿ 営業の沿革

別記様式第14号(第4条関係) （用紙Ａ４）

営 業 の 沿 革

	創　　　　　　　　　　業	昭和 50 年 4 月 1 日
創 業 後 の 沿 革	株式会社〇〇〇〇測量設計として会社設立　払込資本金500万円	昭和 52 年 12 月 1 日
	測量業登録	昭和 53 年 1 月 10 日
	商号を株式会社〇〇〇〇コンサルタントに変更	昭和 55 年 6 月 1 日
	資本金増額　払込資本金1,000万円	昭和 58 年 6 月 5 日
	資本金増額　払込資本金4,800万円	平成 9 年 6 月 4 日
	補償コンサルタント登録規程第2条の規定により新規登録	平成 16 年 3 月 31 日
	最初にこの規程による登録を受けた年月日	平成 16 年 3 月 31 日

記載要領
　「創業後の沿革」の欄は、商号又は名称の変更、合併又は分割、営業の休止、営業の再開、資本金額の変更、補償コンサルタント登録規程による登録の削除、賞罰(行政処分等を含む。)等を記載すること。

⒀ 補償業務管理者の常勤を証明する書類

以下の①又は②の書類（写し）を申請書に綴じ込まないで別途添付する。

① 直近の被保険者標準報酬決定通知書及び資格喪失確認通知書（後期高齢者等）（写し）

被保険者標準報酬決定通知書（写し）は、年金事務所等において確認済であることを示す確認印等のあるもの。ただし、確認印等がない場合には、当該頁に確認日が記載されてあるもの。

② 交付から１年以内の健康保険被保険者証（写し）、後期高齢者医療被保険者証（後期高齢者等）（写し）

健康保険被保険者証（写し）は、年金事務所等が交付する健康保険被保険者証に記載された交付年月日から申請書提出日までの間が１年以内のものを添付すること。

3
追加登録申請

3　追加登録申請

必要提出書類（綴じ込み順）

(1)　補償コンサルタント登録追加申請書･････････････････････（様式第18号）･･････････114
(2)　補償業務経歴書･･････････････････････････････････････（様式第2号）･･････････115
(3)　直前3年の各事業年度における事業収入金額････････････（様式第3号）･･････････118
(4)　補償業務管理者証明書････････････････････････････････（様式第5号）･･････････119
(5)　補償業務管理者実務経歴書････････････････････････････（様式第5号別表1）･････120
(6)　指導監督的実務経歴書････････････････････････････････（様式第5号別表2）･････123
(7)　補償業務管理者の常勤を証明する書類･･124
(8)-1　補償業務管理者認定申請書
　　　［登録規程第3条第1号ロに該当する者の場合］･･････････（別記様式第1号）･･･････125
(8)-2　補償業務管理者実務経歴書（補償業務経験者）
　　　［登録規程第3条第1号ロに該当する者の場合］･･････････（別記様式第1号別表1）126
(9)-1　補償業務管理者認定申請書
　　　［登録規程第3条第1号ただし書に該当する者の場合］･･･（別記様式第1号）･･･････127
(9)-2　補償業務管理者実務経歴書（補償業務経験者）
　　　［登録規程第3条第1号ただし書に該当する者の場合］･･･（別記様式第1号別表1）128
(10)　補償業務管理者認定研修修了証書等　補償コンサルタント業補償業務管理者認定研修修了
　　　証書（写し）、補償業務管理士資格証書（補償業務管理士検定試験合格証書）（写し）、補償
　　　業務管理士登録証（現に有効なものの写し）･･････････････････････････････････129

〈書類の提出について〉

法人、個人の場合とも上記書類を提出する。

提出部数は**正本1通（写しの返却が必要であれば正本の写しを含め2通）**とし、**袋綴じ（割印）**の上提出する。

なお、手続き終了後申請者宛に通知書及び写しが返送されるので**返信用の封筒**（返信用切手貼付、所在地、宛名明記）を同封する。2つの手続（例えば、追加登録申請と変更届）を同時に行うときは、それぞれに返信用封筒をつけること。

書類提出先（9頁）参照

追加登録申請に必要な提出書類（綴じ込み順）

	提出書類名	登録規程等に基づく様式名（別記様式）	補償業務管理者の氏名			補償業務管理者の氏名		
			登録規程第3条第1号イに該当する者で申請する場合	登録規程第3条第1号ロに該当する者で申請する場合		登録規程第3条第1号ただし書に該当する者で申請する場合		
				公共用地経験者による申請の場合	補償業務管理士資格取得者による申請の場合	登録規程第3条第1号ただし書イに該当する者で申請する場合	公共用地経験者による申請の場合	補償業務管理士資格取得者による申請の場合
1	補償コンサルタント登録追加申請書	第18号	○	○	○	○	○	○
2	補償業務経歴書	第2号	○	○	○	○	○	○
3	直前3年の各事業年度における事業収入金額	第3号	○	○	○	○	○	○
4	補償業務管理者証明書（附則第2項該当者：実務経歴書に代えて検定試験合格証書・登録証・確認書）	第5号	○	○	―	○	―	―
5	補償業務管理者実務経歴書	第5号別表1	○	―	―	○	―	―
6	指導監督的実務経歴書	第5号別表2	―	―	―	○	―	―
7	補償業務管理者認定申請書	別記様式第1号	―	○	○	―	○	○
8	補償業務管理者実務経歴書（補償業務経験者）	別記様式第1号別表1	―	○※1	―	―	○※1	―
9	補償業務管理者認定研修修了証書・補償業務管理士資格証書・同登録証		―	―	○※2	―	―	○※2
10	補償業務管理者の常勤を証明する書類（標準報酬決定通知書又は交付1年以内の健康保険被保険者証・後期高齢者の場合は後期高齢医療被保険者証及び資格喪失確認書）		○※2	○※2	○※2	○※2	○※2	○※2
11	返信用封筒（返信用切手貼付、所在地・宛名明記）		○	○	○	○	○	○

注1 表中の○印は届出に必要な書類を表す。
注2 表中の○印の右に「※1」印がある書類は、電子申請で手続きを行う場合において、郵送等で別に提出すること表す。
　　表中の○印の右に「※2」印がある書類は、電子申請で手続きを行う場合において、PDFファイルで提出することを表す。
注3 表番号1～6の書類、7～9の書類、10の書類は、別々にホチキス留め等により補償業務管理者の大臣認定申請を行う場合に必要な書類は70～80頁参照。
注4 補償業務管理士の資格の登録を受けている者が補償認定申請を行う場合に必要な書類は70～80頁参照。

(1) 補償コンサルタント登録追加申請書

別記様式第18号(第9条関係)

補償コンサルタント登録追加申請書

補償コンサルタント登録規程第9条第1項の規定により、登録部門について登録の追加を申請します。

平成 25 年 12 月 1 日

東京都千代田区○○町○丁目○○番○○号
申請者　株式会社 霞ヶ関補償コンサルタント　㊞
代表取締役　田中 一郎

関東地方整備局長　殿

申請者欄には、次の事項を記載し、捺印する。
① 法人の場合
・会社の所在地
・会社名及び会社印
・代表者氏名及び代表者印
② 個人の場合
・営業所の所在地
・名称
・本人の氏名及び個人印

商号又は名称	株式会社 霞ヶ関補償コンサルタント	登録番号	補21 － 9999	登録年月日	平成 21 年 11 月 30 日
登録の追加を受けようとする登録部門		補償業務管理者の氏名			
土地評価部門		川上　徹			
補償関連部門		福岡 哲夫			
総合補償部門		池田 三男			

※登録部門の追加の年月日	平成　年　月　日

電話番号	03 (0123) 4567 番
取扱い責任者所属氏名	佐藤 三男

本届出に関する実務担当者の氏名を記載する。

記載要領
1　※印のある欄は、記載しないこと
2　「補償業務管理者の氏名」の欄は、登録の追加を受けようとする登録部門に係る補償業務の管理をつかさどる専任の者で、補償コンサルタント登録規程第3条第1号イ又はロに該当するもの(総合補償部門の登録を受けようとする場合においては、同条第1号ただし書きに該当する者)の氏名を記載すること。

(2) 補償業務経歴書

① 土地評価部門

別記様式第2号(第4条関係) （用紙Ａ４）

補 償 業 務 経 歴 書

登録部門の名称　土地評価部門

契約の相手方の名称	契約名	業務の内容	元請又は下請の別	契約金額	契約期間
○○県○○土木事務所	県道○○線○○地区事業用地買収	土地評価	元請	千円 600	自平成 23 年 12 月 15 日 至平成 24 年 1 月 31 日
○○市	市道○○線○○地区用地調査等業務	土地評価	元請	千円 1,000	自平成 24 年 2 月 5 日 至平成 24 年 3 月 25 日
○○高速道路株式会社○○工事事務所	○○線立体利用阻害率調査業務	土地評価	元請	千円 1,200	自平成 25 年 2 月 1 日 至平成 25 年 3 月 30 日
○○○機構○ダム建設所	○○ダム付替道路買収に伴う土地評価業務	土地評価	元請	千円 950	自平成 25 年 4 月 11 日 至平成 25 年 5 月 10 日
国土交通省○○事務所	○○川河川改修用地調査業務	土地評価	元請	千円 850	自平成 25 年 9 月 1 日 至平成 25 年 9 月 30 日

記載要領
1　この表は、登録を受けようとする登録部門ごとに、直前3年間の主な契約について、5件以内記入すること。
2　「元請」とは、補償コンサルタント以外の者から補償業務を受注した場合をいい、「下請」とは、他の補償コンサルタントから補償業務を受注した場合をいう。

注記：
- 業務経歴は、登録を受けようとする登録部門ごとに別葉にして、直前３年間の主な契約について５件以内を記載する。（現在、継続中の業務についても記載可）なお、実績がない場合は、「実績がないので記載できない」と記載する。
- 契約金額は、２部門以上一括して受注した場合には、当該登録部門に係る金額を記載する。
- 元請とは、土地収用法その他の法律により土地等を収用し、又は使用することができる事業を行う起業者から直接に業務を受注した場合をいう。

② 補償関連部門

別記様式第2号(第4条関係) (用紙A4)

補 償 業 務 経 歴 書

登録部門の名称　補償関連部門

契約の相手方の名称	契 約 名	業務の内容	元請又は下請の別	契約金額	契 約 期 間
○○県○○土木事務所	○○線道路改良工事事業認定図書作成業務	事業認定申請図書作成	元請	千円 1,200	自平成 23 年 5 月 12 日 至平成 23 年 6 月 20 日
国土交通省○○事務所	○○道路改良工事用地調査等業務	補償説明	元請	千円 700	自平成 23 年 6 月 11 日 至平成 23 年 7 月 10 日
国土交通省○○事務所	○○ダム建設事業地域住民生活再建調査業務	生活再建調査	元請	千円 1,200	自平成 24 年 6 月 10 日 至平成 24 年 8 月 20 日
○○県○○地方振興局	○○号線道路改良工事収用裁決申請図書作成業務	収用裁決申請図書作成	元請	千円 1,600	自平成 24 年 10 月 10 日 至平成 24 年 12 月 20 日
○○県○○地方振興局	都市計画事業○○線改築工事事業認定図書作成業務	事業認定申請図書作成	元請	千円 2,400	自平成 25 年 5 月 11 日 至平成 25 年 8 月 25 日

記載要領
1　この表は、登録を受けようとする登録部門ごとに、直前3年間の主な契約について、5件以内記入すること。
2　「元請」とは、補償コンサルタント以外の者から補償業務を受注した場合をいい、「下請」とは、他の補償コンサルタントから補償業務を受注した場合をいう。

※元請、契約金額の説明書は前頁を参照。

※業務の内容は、意向調査、生活再建調査、事業認定申請図書作成等、具体的に記載する。

③ 総合補償部門

別記様式第2号(第4条関係) （用紙Ａ４）

補 償 業 務 経 歴 書

登録部門の名称　　総合補償部門

契約の相手方の名称	契約名	業務の内容	元請又は下請の別	契約金額	契約期間
国土交通省○○事務所	平成24年度○○○○事務所用地補償総合技術業務	公共用地交渉	元請	千円 16,500	自平成 24 年 4 月 12 日 至平成 25 年 3 月 31 日
国土交通省○○事務所	用地補償総合技術（河川・道路）業務	公共用地交渉	元請	千円 38,000	自平成 24 年 4 月 1 日 至平成 25 年 3 月 31 日
国土交通省○○事務所	○○○○事務所管内用地補償総合技術業務	公共用地交渉	元請	千円 25,500	自平成 24 年 5 月 8 日 至平成 25 年 3 月 31 日

記載要領
1　この表は、登録を受けようとする登録部門ごとに、直前3年間の主な契約について、5件以内記入すること。
2　「元請」とは、補償コンサルタント以外の者から補償業務を受注した場合をいい、「下請」とは、他の補償コンサルタントから補償業務を受注した場合をいう。

(3) 直前3年の各事業年度における事業収入金額

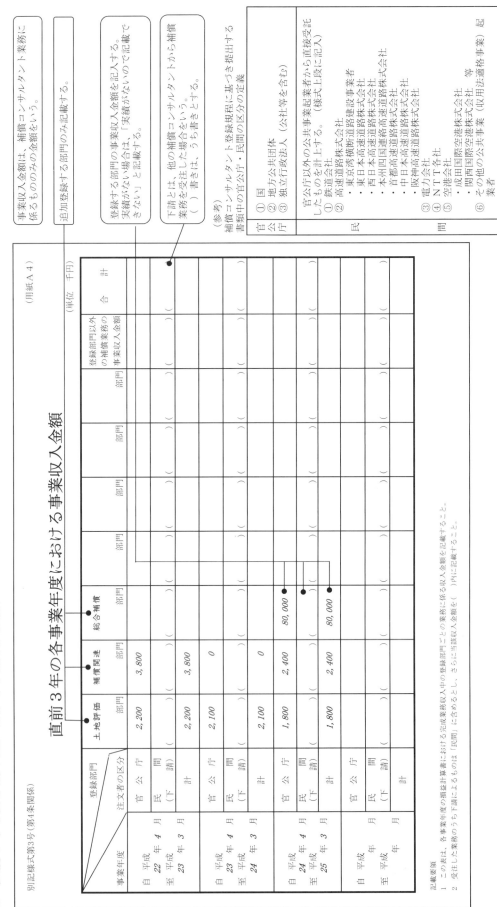

(4) 補償業務管理者証明書

別記様式第5号(第4条関係) (用紙A4)

補償業務管理者証明書

下記のとおり、登録を受けようとする登録部門に係る補償業務の管理をつかさどる専任の者で補償コンサルタント登録規程第3条第1号イ又はロに該当するもの(総合補償部門の登録を受けようとする場合においては、同条第1号ただし書に該当する者)を置いていることに相違ありません。

平成 25 年 12 月 1 日

東京都千代田区〇〇町〇丁目〇〇番〇〇号
申請者　株式会社 霞ヶ関補償コンサルタント　㊞
　　　　代表取締役　田中 一郎

関東地方整備局長　殿

記

登録を受けようとする登録部門	(ふりがな) 補償業務管理者の氏名 (生年月日)	実務経験年数	区 分
土地調査		年　月	イ　ロ
土地評価	(かわかみとおる) 川 上　徹 (昭和37年8月24日)	8 年 7 月	㋑　ロ
物件		年　月	イ　ロ
機械工作物		年　月	イ　ロ
営業補償・特殊補償		年　月	イ　ロ
事業損失		年　月	イ　ロ
補償関連	(ふくおかてつお) 福 岡 哲 夫 (昭和39年7月7日)	7 年 11 月	㋑　ロ
総合補償	(いけだみつお) 池 田 三 男 (昭和24年10月15日)	30 年 11 月 10 年　月	イ　㋺

　実務経験の内訳は別表1のとおり。
　指導監督的実務の経験の内訳は別表2のとおり。

記載要領
1　「区分」の欄は、補償コンサルタント登録規程第3条第1号イに該当する者についてはイ、同号ロに該当する者についてはロを〇で囲むこと。ただし、総合補償部門の登録を受けようとする者にあっては、当該登録部門に係る補償業務の管理をつかさどる専任の者で、当該登録部門に係る補償業務に関し7年以上の実務経験を有する者であって補償業務に関し5年以上の指導監督的実務の経験を有するものについてはイ、これと同程度の実務の経験を有するものとして国土交通大臣が認定した者についてはロを〇で囲むこと。
2　総合補償部門の登録を受けようとする者は、実務経験年数及び指導監督的実務の経験年数を記載すること。

申請者欄には、次の事項を記載し、捺印する。
① 法人の場合
・会社の所在地
・会社名及び会社印
・代表者氏名及び代表者印
② 個人の場合
・営業所の所在地
・名称
・本人の氏名及び個人印

区分欄のイ・ロの区分については、31頁(「新規登録申請」)を参照のこと

登録規程第3条第1号イに該当する者については、「補償業務管理者実務経歴書」の実務経験年数欄の合計の年数を記載する。同号ロに該当する者については、年数を記載せず、空欄とする。

補償業務管理者の追加に係る登録部門名を記載する。

(5) 補償業務管理者実務経歴書

① 土地評価部門

別表1
[土地評価部門]

補償業務管理者実務経歴書

補償業務管理者の氏名： ○○　○○　　住所： ○○市○○町○丁目○番○○号

期　間	実務経験年数	補償業務の概要	実務の内容	契約の相手方の名称	契約金額
自 平成23年6月 至 平成23年7月	年 0.5月	株式会社霞ヶ関補償コンサルタント 補償課係員（以下「同」。） 県道○○線（○○地区）改築工事 標準地評価及び比準業務 宅地等 15ヵ所 2,400㎡	担当者	○○県	400千円
自 平成23年8月 至 平成23年9月	年 1月	国道○○号線（○○地区）改良工事 標準地評価及び比準業務 宅地等 20ヵ所 3,500㎡	担当者	国土交通省 ○○地方振興局	18,000千円のうち 建物調査 900千円
自 平成23年10月 至 平成23年11月	年 1月	○○高速道路○○地区建設工事 土地評価業務（残地評価を含む。） 農地、山林等 12ヵ所 24,000㎡	担当者	○○高速道路㈱ ○○工事事務所	2,000千円
自 平成23年12月 至 平成24年2月	年 2月	○○川○○地区河川改修工事 用地調査等業務（比準業務を含む。） 宅地等 4ヵ所 600㎡	担当者	○○県 ○○土木事務所	3,000千円
自 平成24年9月 至 平成24年12月	年 2月	○○線○○地区建設工事 地上権設定に伴う立体利用阻害率調査業務 宅地等 5ヵ所 320㎡	担当者	○○高速道路㈱ ○○工事事務所	5,000千円
自 平成25年2月 至 平成25年4月	年 2月	株式会社霞ヶ関補償コンサルタント 補償課長（以下「同」。） 市道○○号線○○地区改築工事 標準地評価及び比準業務 主任技術者 宅地等 12ヵ所 1,900㎡	主任技術者	○○市	1,100千円
自 平成25年5月 至 平成25年7月	年 1月	都市計画街路○○線改築工事 用地調査等業務（比準業務を含む。） 宅地等 16ヵ所 2,900㎡	主任技術者	○○県 ○○土木事務所	700千円
合　計	7年 10月 （9.5月）				

証明を得ることができない場合	その理由	

上記の者は、上記のとおり実務の経験を有することに相違ないことを証明します。

平成○○年　○月　○○日

証明者と被証明者
との関係
東京都千代田区○○町○丁目○○番○○号
株式会社　霞ヶ関補償コンサルタント
代表取締役　田中　一郎　㊞
社　員

記載要領
1　実務の内容」の欄は、企業名、業務名、職名、本人が従事した補償業務について、契約名、規模、本人の業務上の役割等について具体的に記載すること。
2　証明者ごとに作成すること。

（用紙A4）

（吹き出し注記）

- 補償業務管理者証明書の区分で「イ」に該当する者」とした場合に本実務経歴書を作成する。
- 本実務経歴書は、受注した契約ごとに記載する。下請業務は、本経歴に入らないので記述できない。
- 登録申請部門名を記載する。
- 期間は、契約期間を記載する。
- 申請部門の業務を他の部門の業務と一括受注した場合は、全体の受注額を記載し、そのうちの申請部門（業務内容）に係る金額を記載する。
- 実務経験年数は、契約期間のうちで、当該業務に本人が直接従事した日数を合計し、30日を1月、20日を0.7月、15日を0.5月、10日を0.3月として記載する。申請部門を他の部門の業務と一括受注した場合は、申請部門に係る従事期間で算定する。
- 同じ「期間」に重複する契約がある場合、暦年（こよみ上の1年間）で補償業務の通算期間が1年間を超えることはできない。
- 各頁ごとに小計を記載する。
（次頁に続く）

② 補償関連部門

(前頁の続き)

別表1
[補償関連部門]

(用紙A4)

補償業務管理者実務経歴書

補償業務管理者の氏名		福岡 哲夫	住所	○○市○○町○丁目○番○○号	
実務経験年数					
期	間	業務の内容			
		業務名	実務の内容	契約の相手方の名称	契約金額
自 平成 23年 7月 至 平成 23年 8月	年 0.5月	株式会社霞ヶ関補償コンサルタント 補償係長(以下同じ。) ○○川河川改修工事(○○地内)用地調査等業務(補償説明を含む。)担当者		○○県 ○○土木事務所	400千円
自 平成 23年 8月 至 平成 23年 9月	年 1月	○○線(○○地内)道路改良工事 事業認定申請図書作成業務 S=600㎡	担当者	国土交通省 ○○事務所	900千円
自 平成 23年10月 至 平成 23年11月	年 1月	○○ダム事業に伴う地域住民生活再建調査業務 2地区	担当者	国土交通省 ○○事務所	2,000千円
自 平成 23年12月 至 平成 24年 2月	年 2月	○○ダム事業に代替地対策調査 建物 20棟	担当者	国土交通省 ○○事務所	3,000千円
自 平成 24年 9月 至 平成 24年12月	年 2.5月	県道○○号(○○地区)改築工事 補償説明業務 建物 18棟		○○県 ○○土木事務所	5,000千円
自 平成 25年 2月 至 平成 25年 4月	年 1月	株式会社霞ヶ関補償コンサルタント 補償課長(以下同じ。) ○○高速道路○○線除決工事建設工事○○地区建設図書 主任技術者 建物 2棟		○○高速道路㈱ ○○工事事務所	1,100千円
自 平成 25年 5月 至 平成 25年 7月	年 1月	○○ダム事業に伴う地域住民意向調査業務 建物 4棟	主任技術者	○○県 ○○地方振興局	700千円
合 計	7年11月 (9月)				
証明を得ることができない場合	その理由				

上記の者は、上記のとおり実務の経験を有することに相違ないことを証明します。

平成 ○○年 ○月 ○○日

証明者 東京都千代田区霞ヶ関補償コンサルタント
株式会社霞ヶ関補償コンサルタント
代表取締役 田中 一郎 ㊞

証明者と被証明者との関係	社 員 ●

記載要領
1 「業務の内容」の欄は、企業名、職名、本人が従事した補償業務について、契約名、職名、本人の業務上の役割等について具体的に記載すること。
2 証明者ごとに作成すること。

③ 総合補償部門

別表1
[総合補償部門]

（用紙A4）

補償業務管理者実務経歴書

補償業務管理者の氏名		住所		

期 間	実務経験年数	実務経験の内容		
		業務の内容	契約の相手方の名称	契約金額
自　年　月 至　年　月	年　月			
自　年　月 至　年　月	年　月			
自　年　月 至　年　月	年　月			
自　年　月 至　年　月	年　月			
自　年　月 至　年　月	年　月			
自　年　月 至　年　月	年　月			
自　年　月 至　年　月	年　月			
自　年　月 至　年　月	年　月			
合　計				

上記の者は、上記のとおり実務の経験を有することに相違ないことを証明します。
　　　　　　　　　　　　　　　　　　　　　　　　平成　　年　　月　　日
　　　　　　　　　　　　　　　　　　　証明者

証明を得ることができない場合	その理由		証明者と被証明者との関係	

記載要領
1　「業務の内容」の欄は、企業名、職名、本人が従事した補償業務について、契約名、規模、本人の業務上の役割等について具体的に記載すること。
2　証明者ごとに作成すること。

(6) 指導監督的実務経歴書

別表2　　　　　　　　　　　　　　　　　　　　　　　　　　　　　　　　　　　　　（用紙A4）

指 導 監 督 的 実 務 経 歴 書

氏　名			住　所			

期間	指導監督的実務経験年数	指導監督的実務経験の内容				
		業　務　の　内　容	業務上の役割	業務経験の内容	契約の相手方の名称	契約金額
自 平成　年　月 至 平成　年　月	年　月					
自 平成　年　月 至 平成　年　月	年　月					
自 平成　年　月 至 平成　年　月	年　月					
自 平成　年　月 至 平成　年　月	年　月					
自 平成　年　月 至 平成　年　月	年　月					
自 平成　年　月 至 平成　年　月	年　月					
自 平成　年　月 至 平成　年　月	年　月					
合　計	年　月					

上記の者は、上記のとおり指導監督的実務の経験を有することに相違ないことを証明します。

証明を得ることができない場合	その理由	

平成 ○○年 ○月 ○○日
証明者　　　　　　　　　　　㊞

証明者と被証明者との関係	

記載要領
1　「業務の内容」の欄は、企業名、職名、本人が従事した補償業務について契約名、登録部門、規模等について具体的に記載すること。
2　「業務上の役割」の欄は、主任担当者等当該補償業務に係る業務上の立場の名称を記載すること。
3　証明者ごとに作成すること。

⑺ 補償業務管理者の常勤を証明する書類

以下の①又は②の書類等の常勤を証明する書類（写し）を、申請書に綴じ込まないで別途添付する。

① 直近の被保険者標準報酬決定通知書及び資格喪失確認通知書（後期高齢者等）（写し）

被保険者標準報酬決定通知書（写し）は、年金事務所等において確認済であることを示す確認印等のあるもの。ただし、確認印等がない場合には、当該頁に確認日が記載されてあるもの。

② 交付から１年以内の健康保険被保険者証（写し）、後期高齢者医療被保険者証（後期高齢者等）（写し）

健康保険被保険者証（写し）は、年金事務所等が交付する健康保険被保険者証に記載された交付年月日から申請書提出日までの間が１年以内のものを添付すること。

⑻-1　補償業務管理者認定申請書［登録規程第3条第1号ロに該当する者の場合］

別記様式第1号

補償業務管理者認定申請書

補償コンサルタント登録規程に基づく登録を受けるため、下記の者が

［　登録規程第3条第1号ただし書
　　同規程第3条第1号ロ　　　　］

に該当するものであることの認定を受けたいので、申請いたします。

平成 25 年 12 月 1 日

東京都千代田区〇〇町〇丁目〇〇番〇〇号

申請者　株式会社 霞ヶ関補償コンサルタント　㊞
　　　　代表取締役　田中　一郎

関東地方整備局長　殿

記

登録を受けようとする登録部門	補償関連部門		
補償業務管理者の氏名	〇〇〇〇	生年月日	昭和 0 年 0 月 0 日
住　所	〇〇市〇〇町〇丁目〇番〇号		

実務経歴は、別表　　（補償コンサルタント業補償業務管理者認定研修修了者にあっては、同研修修了証書の写）のとおり。

上記の者は別表　　のとおり実務の経験を有することに相違ありません。

平成 25 年 12 月 1 日

東京都千代田区〇〇町〇丁目〇〇番〇〇号

申請者　株式会社 霞ヶ関補償コンサルタント　㊞
　　　　代表取締役　田中　一郎

備考
1　「登録規程第3条第1号ただし書」又は「同規程第3条第1号ロ」は不要なものを消すこと。
2　補償業務全般に関する実務経歴は、別表1に記載して添付すること。
3　起業者である発注者から直接に受託又は請け負った補償業務に関する実務の経験（主任担当者等の立場で業務の管理及び統轄を行った経験を含む。）は、別表2に記載して添付すること。
4　補償業務管理士の資格の登録を受けている者にあっては、同資格証書（補償業務管理士登録証を含む。）の写を添付すること。
5　補償コンサルタント業補償業務管理者認定研修修了者とは、平成4年度から平成23年度までに同認定研修を修了した者をいう。

> 登録規程第3条第1号ロに該当する者については、63頁（「新規登録申請」）を参照のこと。

⑻-2　補償業務管理者実務経歴書（補償業務経験者）［登録規程第3条第1号ロに該当する者の場合］

（国家公務員又は地方公務員等として補償業務全般に関する指導監督的実務の経験3年以上を含む20年以上の実務経験を有する者の場合）

別表1

補償業務管理者実務経歴書
（補償業務経験者）

氏　　名			現　住　所		
○○○○			○○市○○町○丁目○番○号		
年月日	所　属	役職名	職務の内容	実務期間	
自 S53.4.1 至 S56.3.31	建設省○○工事事務所用地第一課		用地補償業務全般	3年0月	
自 S56.4.1 至 S60.3.31	建設省○○工事事務所用地第一課	主任	用地補償業務全般	4年0月	
自 S60.4.1 至 S63.3.31	建設省○○工事事務所用地第一課	用地係長	用地補償業務全般	3年0月	
自 S63.4.1 至 H3.3.31	建設省○○工事事務所用地課	用地係長	用地補償業務全般	3年0月	
自 H3.4.1 至 H5.3.31	建設省○○工事事務所用地第二課	用地係長	用地補償業務全般	2年0月	
自 H5.4.1 至 H7.3.31	建設省○○工事事務所用地第一課	用地係長	用地補償業務全般	2年0月	
自 H7.4.1 至 H9.3.31	建設省○○工事事務所用地課	用地係長	用地補償業務全般	2年0月	
自 H9.4.1 至 H11.3.31	建設省○○工事事務所用地第一課	○用地官	用地補償業務全般	2年0月	
自 H11.4.1 至 H12.3.31	建設省○○工事事務所用地第二課	○用地課長	用地補償業務全般	1年0月	
自 H12.4.1 至 H14.3.31	建設省○○工事事務所用地第一課	○用地課長	用地補償業務全般	2年0月	
自 H14.4.1 至 H15.3.31	国土交通省○○務所用地第一課	○用地課長	用地補償業務全般	1年0月	
補償業務実務経験			合計	25年0月	
			うち指導監督的実務経験	6年0月	

上記の者は、上記のとおり実務経歴の内容に相違ないことを証明する。

平成 00 年 00 月 00 日

国土交通省○○地方整備局長

証明者　　□□　□□　㊞

記載要領
1. 「実務期間」の欄は、補償業務に従事した期間のみ記載すること。
2. 指導監督的実務経験に該当する役職名には○印を付すること。
3. 証明者は、退職時における所属機関の人事担当部局長とすること。
4. 補償業務管理士の資格の登録を受けている者で、20年以上の補償業務実務経験を有する者は、2の○印は不要。
5. 補償業務管理士の資格の登録を受けている者で、指導監督的実務経験を有する者は、該当する役職のうち1つについて記載すること。

（注記）
- 国家公務員又は地方公務員等として補償業務全般に関する指導監督的実務の経験3年以上を含む20年以上の実務経験を有する者が申請する場合、この実務経歴書による。
- 所属が用地課・係以外の場合は、所属ごとに従事した事業名、用地に係わる業務の内容等を具体的に記載する。記載事項が多い場合は、別に説明資料を作成し添付する。
- 補償業務に従事した期間のみを記載する。

⑼-1　補償業務管理者認定申請書［登録規程第3条第1号ただし書に該当する者の場合］

別記様式第1号

補償業務管理者認定申請書

補償コンサルタント登録規程に基づく登録を受けるため、下記の者が

［登録規程第3条第1号ただし書　／　同規程第3条第1号ロ］

に該当するものであることの認定を受けたいので、申請いたします。

平成 0 年 0 月 0 日

申請者　東京都千代田区〇〇町〇丁目〇〇番〇〇号
　　　　株式会社 霞ヶ関補償コンサルタント　㊞
　　　　代表取締役　田中　一郎

関東地方整備局長　殿

> 登録規程第3条第1号ただし書に該当する者については、65頁（「新規登録申請」）を参照のこと

記

登録を受けようとする登録部門	総合補償部門		
補償業務管理者の氏名	〇〇〇〇	生年月日	昭和 0 年 0 月 0 日
住　所	〇〇市〇〇町〇丁目〇番〇号		

　実務経歴は、別表　　（補償コンサルタント業補償業務管理者認定研修修了者にあっては、同研修修了証書の写）のとおり。

　上記の者は別表のとおり実務の経験を有することに相違ありません。

平成 0 年 0 月 0 日

申請者　東京都千代田区〇〇町〇丁目〇〇番〇〇号
　　　　株式会社 霞ヶ関補償コンサルタント　㊞
　　　　代表取締役　田中　一郎

備考
1　「登録規程第3条第1号ただし書」又は「同規程第3条第1号ロ」は不要なものを消すこと。
2　補償業務全般に関する実務経歴は、別表1に記載して添付すること。
3　起業者である発注者から直接に受託又は請け負った補償業務に関する実務の経験（主任担当者等の立場で業務の管理及び統轄を行った経験を含む。）は、別表2に記載して添付すること。
4　補償業務管理士の資格の登録を受けている者にあっては、同資格証書（補償業務管理士登録証を含む。）の写を添付すること。
5　補償コンサルタント業補償業務管理者認定研修修了者とは、平成4年度から平成23年度までに同認定研修を修了した者をいう。

⑼-2 補償業務管理者実務経歴書（補償業務経験者）[登録規程第3条第1号ただし書に該当する者の場合]

（国家公務員又は地方公務員等として補償業務全般に関する指導監督的実務の経験7年以上を含む20年以上の実務経験を有する者の場合）

別表1

補償業務管理者実務経歴書
（補償業務経験者）

氏　名		現　住　所		
○○○○		○○市○○町○丁目○番○号		
年月日	所　属	役職名	職務の内容	実務期間
自 S53.4.1 至 S56.3.31	建設省○○工事事務所用地第一課		用地補償業務全般	3年0月
自 S56.4.1 至 S60.3.31	建設省○○工事事務所用地第一課	主任	用地補償業務全般	4年0月
自 S60.4.1 至 S63.3.31	建設省○○工事事務所用地第一課	用地係長	用地補償業務全般	3年0月
自 S63.4.1 至 H3.3.31	建設省○○工事事務所用地課	用地係長	用地補償業務全般	3年0月
自 H3.4.1 至 H5.3.31	建設省○○工事事務所用地第二課	用地係長	用地補償業務全般	2年0月
自 H5.4.1 至 H7.3.31	建設省○○工事事務所用地第一課	用地係長	用地補償業務全般	2年0月
自 H7.4.1 至 H9.3.31	建設省○○工事事務所用地課	○用地官	用地補償業務全般	2年0月
自 H9.4.1 至 H11.3.31	建設省○○工事事務所用地第一課	○用地官	用地補償業務全般	2年0月
自 H11.4.1 至 H12.3.31	建設省○○工事事務所用地第二課	○用地課長	用地補償業務全般	1年0月
自 H12.4.1 至 H15.3.31	建設省○○工事事務所用地第一課	○用地課長	用地補償業務全般	3年0月
自 H15.4.1 至 H16.3.31	建設省○○工事事務所用地第一課	○用地課長	用地補償業務全般	1年0月
補償業務実務経験		合　計		26年0月
		うち指導監督的実務経験		9年0月

上記の者は、上記のとおり実務経歴の内容に相違ないことを証明する。

平成 00 年 00 月 00 日

国土交通省○○地方整備局長

証明者　　□□　□□　　　　㊞

記載要領
1　「実務期間」の欄は、補償業務に従事した期間のみ記載すること。
2　指導監督的実務経験に該当する役職名には○印を付すること。
3　証明者は、退職時における所属機関の人事担当部局長とすること。
4　補償業務管理士の資格の登録を受けている者で、20年以上の補償業務実務経験を有する者は、2の○印は不要。
5　補償業務管理士の資格の登録を受けている者で、指導監督的実務経験を有する者は、該当する役職のうち1つについて記載すること。

注記:
- 国家公務員又は地方公務員等として補償業務全般に関する指導監督的実務の経験7年以上を含む20年以上の実務経験を有する者が申請する場合、この実務経歴書による。
- 所属が用地課・係以外の場合は、所属ごとに従事した事業名、用地に係わる業務の内容等を具体的に記載する。記載事項が多い場合は、別に説明資料を作成し添付する。
- 補償業務に従事した期間のみを記載する。

⑽ **補償業務管理者認定研修修了証書等**
　（補償業務管理士の資格を有する者で、財団法人公共用地補償機構の行う「補償コンサルタント業補償業務管理者認定研修」を修了した者の場合）
　⒜　補償コンサルタント業補償業務管理者認定研修修了証書（写し）
　⒝　補償業務管理士資格証書（補償業務管理士検定試験合格証書）（写し）
　⒞　補償業務管理士登録証（現に有効なものの写し）

※上記の各書類については、67～69頁（「新規登録申請」の補償業務管理者認定研修を修了した者の場合）を参照。

4
変更等の届出

4　変更等の届出

必要提出書類（綴じ込み順）

(1) 商号又は名称、営業所の名称又は所在地、資本金額の変更の場合
 ① 変更届出書……………………………………………………（様式第17号）……………135
 ② 登記事項証明書 ………………………………………………………………………………135

(2) 役員、支配人の氏名の変更の場合
 ① 変更届出書……………………………………………………（様式第17号）……………136
 ② 誓約書…………………………………………………………（様式第6号）……………137
 ③ 登録申請者の略歴書…………………………………………（様式第7号）……………138
 ④ 登記事項証明書 ………………………………………………………………………………138

(3) 個人の氏名・他に行っている営業の種類の変更の場合
   変更届出書……………………………………………………（様式第17号）……………139

(4) 登録部門に係る補償業務の管理をつかさどる専任の者で補償コンサルタント登録規程第3条第1号イ又はロに該当するもの（総合補償部門の登録を受けようとする場合においては、第3条第1号ただし書に該当する者）の氏名の変更の場合
 ① 変更届出書……………………………………………………（様式第17号）……………140
 ②—1　補償業務管理者証明書
   ［登録規程第3条第1号ロに該当する者の場合］…………（様式第5号）……………141
 ②—2　補償業務管理者証明書
   ［登録規程第3条第1号ただし書に該当する者の場合］……（様式第5号）……………142
 ③—1　補償業務管理者実務経歴書［登録規程第3条第1号イに該当する者の場合］…………143
 ③—2　補償業務管理者実務経歴書
   ［登録規程第3条第1号ただし書イに該当する者の場合］…（様式第5号別表1）……144
 ④　指導監督的実務経歴書………………………………………（様式第5号別表2）……145
 ⑤　補償業務管理者の常勤を証明する書類 ……………………………………………………146
 ⑥—1　補償業務管理者認定申請書
   ［登録規程第3条第1号ロに該当する者の場合］…………（別記様式第1号）………147
 ⑥—2　補償業務管理者実務経歴書（補償業務経験者）
   ［登録規程第3条第1号ロに該当する者の場合］…………（別記様式第1号別表1）148
 ⑦—1　補償業務管理者認定申請書
   ［登録規程第3条第1号ただし書に該当する者の場合］……（別記様式第1号）………149
 ⑦—2　補償業務管理者実務経歴書（補償業務経験者）
   ［登録規程第3条第1号ただし書に該当する者の場合］……（別記様式第1号別表1）150
 ⑧　補償業務管理者認定研修修了証書等　補償コンサルタント業補償業務管理者認定研修修了証書（写し）、補償業務管理士資格証書（補償業務管理士検定試験合格証書）（写し）、補償業務管理士登録証（現に有効なものの写し）……………………………………………151

(5) 登録要件を欠くに至った時の届出（登録規程第8条第3項関係） ………………………152

〈書類の提出について〉

個人の場合は、⑴—②、⑵—②の書類は不要です。

上記に掲げる変更は、その変更の事実の生じた日から30日以内に行う。

⑸の登録の要件を欠くに至ったときの届出は、その事実に至った日から2週間以内に行う。

提出部数は**正本1通（写しの返却が必要であれば正本の写しを含め2通）**とし、袋綴じ（割印）の上提出する。

なお、手続き終了後2通提出したときは、そのうち1通が申請者宛に返送されるので、**返送用の封筒**（返信用切手貼付、所在地、宛名明記）を同封する。2つの手続（例えば、変更届と追加登録申請）を同時に行うときは、それぞれに返信用封筒をつけること。

書類提出先（9頁）参照

変更届に必要な提出書類（綴じ込み順）

	提出書類名	登録規程等に基づく様式名（別記様式）	変更事項 (1)商号又は名称	(2)営業所の名称又は所在地	(3)資本金額	(4)役員の氏名	(5)個人の氏名 (6)支配人の氏名	(8)他に行っている営業の種類	(7)補償業務管理者の氏名 登録規程第3条第1号 登録規程第3条第1号イに該当する者で申請する場合	登録規程第3条第1号ロに該当する場合 公共用地経験者による申請の場合	登録規程第3条第1号ロに該当する場合 補償業務管理士資格による申請の場合	(7)補償業務管理者の氏名 登録規程第3条第1号ただし書 登録規程第3条第1号ただし書に該当する者で申請する場合	登録規程第3条第1号ただし書 公共用地経験者による申請の場合	登録規程第3条第1号ただし書 補償業務管理士資格取得者による申請の場合
1	変更届出書	第17号	○	○	○	○	○	○	○	○	○	○	○	○
2	補償業務管理者証明書	第5号	—	—	—	—	—	—	○	○	○	○	○	○
3	補償業務管理者実務経歴書（附則第2項該当者：実務経歴書に代えて検定試験合格証書・登録証・確認書）	第5号別表1	—	—	—	—	—	—	○	—	—	○	—	—
4	指導監督的実務経歴書	第5号別表2	—	—	—	—	—	—	○	—	—	—	—	—
5	誓約書	第6号	—	—	—	△	—	—	—	—	—	—	—	—
6	登録申請者の略歴書	第7号	—	—	—	△	—	—	—	—	—	—	—	—
7	登記事項証明書		○※1	—	○※1	—	—	—	—	—	—	—	—	—
8	補償業務管理者認定申請書	別記様式第1号	—	—	—	—	—	—	○	○	—	○	—	—
9	補償業務管理者実務経歴書（補償業務経験者）	別記様式第1号別表1	—	—	—	—	—	—	※1	○※1	—	—	—	—
10	補償業務管理者認定研修修了証書・補償業務管理士資格証・同登録証		—	—	—	—	—	—	—	—	○※2	○※2	—	—
11	補償業務管理者の資格の登録を受けている者が交付1年以内の健康保険被保険者証・後期高齢者の場合は後期高齢者医療被保険者証及び資格喪失確認通知書（標準報酬決定通知書又は交付1年以内の健康保険被保険者証・後期高齢者の場合は後期高齢者医療被保険者証及び資格喪失確認通知書）		—	—	—	—	—	—	○※2	○※2	○※2	○※2	○※2	○※2
12	返信用封筒（返信用切手貼付、所在地、宛名明記）		○	○	○	○	○	○	○	○	○	○	○	○

注1　表中の○印は届出に必要な書類を表す。△印は届出を必要としない場合もありうることを表す。
注2　表中の○印の右に「※1」印がある書類は、電子申請で手続きを行う場合において、郵送等で別に提出することを表す。
注3　表中の○印の右に「※2」印がある書類は、電子申請で手続きを行う場合において、PDFファイルで提出することを表す。
注4　表番号1～7の書類、8～10の書類、11の書類は、別々にホチキス留め等にして提出する。
注5　変更届出書を提出しようとする者が個人の場合、7「登記事項証明書」の添付は必要としない。補償業務管理士の資格の登録を受けている者が補償業務管理者の大臣認定申請を行う場合に必要な書類は70～80頁参照。

(1) 商号又は名称、営業所の名称又は所在地、資本金額の変更の場合
① 変更届出書

別記様式第17号（第8条関係） (用紙A4)

変 更 届 出 書

平成26年7月1日

登録年月日　平成25年12月12日
登録番号　　補 25 － 9999

届出者　東京都千代田区○○町○丁目○○番○○号
　　　　株式会社 霞ヶ関補償コンサルタント　㊞
　　　　代表取締役　田中 一郎

関東地方整備局長　殿

下記のとおり、(1)商号又は名称 (2)営業所の名称又は所在地 (3)資本金額 (4)役員の氏名 (5)個人の氏名 (6)支配人の氏名
(7)登録部門に係る補償業務管理をつかさどる専任の者で補償コンサルタント登録規程第3条第1号又は同条第2号に該当するものの氏名
(8)他に行っている営業の種類
について変更があったので、同規程第8条第1項の規定により届け出ます。

記

届出事項	変更前	変更後	変更年月日	備考
(1)商号又は名称	<ruby>株式会社<rt>かぶしきがいしゃ</rt></ruby> 千代田補償コンサルタント	<ruby>株式会社<rt>かぶしきがいしゃ</rt></ruby> 霞ヶ関補償コンサルタント	平成26年6月20日	
(2)営業所の名称又は所在地	○○営業所 ○○県○○市○○町○○番地	○○営業所 △△県△△市△△町△△番地	平成26年6月20日	〒000-0000 TEL000(000)0000 FAX000(000)0000
(3)資本金額	5,000千円	10,000千円	平成26年6月20日	

電話番号	03 (0123) 4567
取扱い責任者氏名	佐藤 三男
所属	

記載要領
1　(1)から(8)までの事項については、不要のものを消すこと。
2　「変更年月日」の欄は、実際に変更の行われた年月日を記載すること。
3　(4)に該当する場合には、当該変更に係る事項のみに限定せず、全欄について「変更前」と「変更後」を対比させて記載すること。
4　記述欄に不足を生じた場合は、別紙（任意様式）を添付すること。
5　(1)、(4)、(5)、(6)の事項については、ふりがなを付すこと。
6　(2)の事項については変更後の郵便番号、電話番号を付すこと。

② 登記事項証明書

(2) 役員、支配人の氏名の変更の場合
① 変更届出書

別記様式第17号（第8条関係）

（用紙A4）

変更届出書

平成 26 年 7 月 1 日

登録年月日　平成 25 年 12 月 12 日
登録番号　　補 25 － 9999

関東地方整備局長　殿

届出者　東京都千代田区霞ヶ関霞○○町○T目○○番○○号
　　　　株式会社 霞ヶ関補償コンサルタント
　　　　代表取締役　田中　一郎　㊞

下記のとおり、
(1)商号又は名称　(2)営業所の名称又は所在地　(3)資本金額　(4)役員の氏名　(5)個人の氏名　(6)支配人の氏名
(7)登録部門に係る補償業務の管理を行う専任の者で補償業コンサルタント登録規程第3条第1号イ又はロに該当するものの氏名
(8)総括補償業部門用の登録を受けようとする場合においては、同条第1号ただし書に該当する者）の氏名
(8)他に行っている営業の種類
について変更があったので、同規程第8条第1項の規定により届け出ます。

記

届出事項	変更前	変更後	変更年月日	備考
(4)役員の氏名	代表取締役 田中一郎（たなかいちろう）	代表取締役 田中一郎（たなかいちろう）	平成26年6月20日	退任及び新任
	取締役 吉田二郎（よしだじろう）	取締役 鈴木太郎（すずきたろう）		
	取締役 青山和夫（あおやまかずお）	取締役 青山和夫（あおやまかずお）		
	取締役 月山照男（つきやまてるお）	取締役 月山照男（つきやまてるお）		
	取締役 古田一成（ふるたかずなり）	取締役 古田一成（ふるたかずなり）		
(6)支配人の氏名	太田三郎（おおたさぶろう）	中川　清（なかがわきよし）	平成26年6月20日	解任及び選任

電話番号 03（0123）4567 番
取扱い責任者　所属・氏名　佐藤三男

記載要領
1 (1)から(8)までの事項については、不要のものを消すこと。
2 「変更年月日」の欄には、実際に変更の行われた年月日を記載すること。
3 (4)に該当する場合には、変更に係る事項のみに限定せず、全体について「変更前」と「変更後」を対比させて記載すること。
4 記述欄に不足を生じた場合は、別紙（任意様式）を添付すること。
5 (1)、(4)、(5)、(6)の事項については、ふりがなを付すこと。
6 (2)の事項については変更後の郵便番号、電話番号を付すこと。

《欄外注釈》

次の(4)役員の氏名の変更、(6)支配人の氏名の変更の場合は、
①変更届出書
②誓約書
③登録申請者の略歴書
④登録事項証明書
をホチキス留め等にて書類作成する。（退任のみの場合、②、③は添付不要）

申請者欄には、次の事項を記載し、捺印する。
①法人の場合
・会社の所在地
・会社名及び会社印
・代表者氏名及び代表者印
②個人の場合
・営業所の所在地
・名称
・本人の氏名及び個人印

変更年月日は、就任等、実際に変更の行われた年月日を記載する。

氏名には「ふりがな」を付す。

役員氏名は、全員の氏名を変更前と変更後の欄に対比して記載する。

氏名には「ふりがな」を付す。

本届出に関する実務担当者の氏名を記載する。

② 誓約書

別記様式第6号(第4条関係) (用紙A4)

誓　約　書

　申請者並びに申請者の役員、支配人、法定代理人及び法定代理人の役員は、補償コンサルタント登録規程第6条第1項各号のいずれにも該当しない者であることを誓約します。

　　平成 26 年 7 月 1 日

　　　　　　　　　　　　　　東京都千代田区○○町○丁目○
　　　　　　　　　　　　　　○番○○号
　　　　　　　　　申請者　　株式会社 霞ヶ関補償コンサルタント　㊞
　　　　　　　　　　　　　　代表取締役　田中　一郎

　　関東地方整備局長　殿

誓約書は、新任の役員、支配人及び法定代理人の届出に係る場合のみ添付する。

誓約した年月日を記載する。

申請者欄には、次の事項を記載し、捺印する。
①法人の場合
・会社の所在地
・会社名及び会社印
・代表者氏名及び代表者印
②個人の場合
・営業所の所在地
・名称
・本人の氏名及び個人印

4．変更等の届出

③ 登録申請者の略歴書

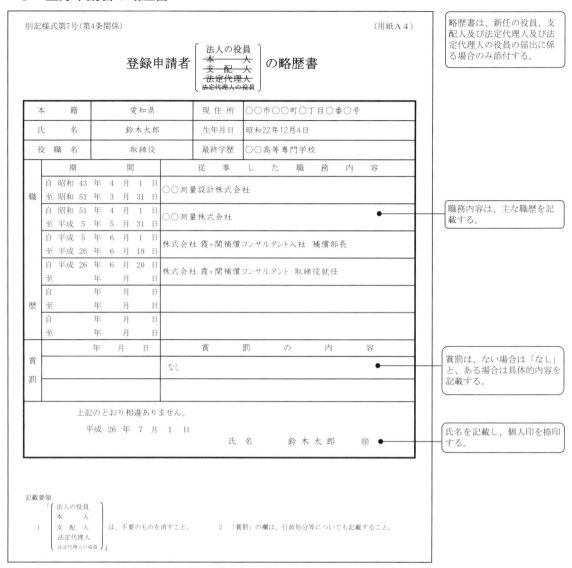

④ 登記事項証明書

(3) 個人の氏名・他に行っている営業の種類の変更の場合

変更届出書

別記様式第17号（第8条関係）

（用紙A4）

変　更　届　出　書

平成 26 年 7 月 1 日

登録年月日　平成 25 年 12 月 12 日
登録番号　　補 25 － 8888

○○地方整備局長　殿

届出者　○○市○○町○丁目○○○番○○号
　　　　　○○測量設計事務所
　　　　　所長 兼 高朝夫　㊞

下記のとおり、
(1)商号又は名称　(2)営業所の名称又は所在地　(3)資本金額　(4)役員の氏名　(5)個人の氏名　(6)支配人の氏名
（登録部門に係る補償業務の管理をつかさどる専任の者で補償コンサルタント登録規程第3条第1号イ又はロに該当するものの氏名
（給付補償部門の登録を受けようとする場合にあっては、同条第1号ただし書に該当する者）の氏名
(8)他に行っている営業の種類

について変更があったので、同規程第8条第1項の規定により届け出ます。

記

届出事項	変更前	変更後	変更年月日	備考
(5)個人の氏名	よしずみあさお 吉住朝夫	かねたかあさお 兼高朝夫	平成26年6月20日	婚姻による
(8)他に行っている営業の種類		土地家屋調査士事務所	平成26年6月20日	開始

電話番号　03（0123）4567
取扱い責任者
所属　　氏名　佐藤三男　番

記載要領
1　(1)から(8)までの事項については、不要のものを消すこと。
2　「変更年月日」の欄は、実際に変更の行われた年月日を記載すること。
3　(4)に該当する場合には、実際に変更に係る事項のみに限定せず、全体について「変更前」と「変更後」を対比させて記載すること。
4　記述欄に不足を生じた場合は、別紙（任意様式）を添付すること。
5　(1)、(4)、(5)、(6)の事項については、ふりがなを付すこと。
6　(2)の事項については変更後の郵便番号、電話番号を付すこと。

【欄外注記】

- 次の(5)個人の氏名の変更、(8)他に行っている営業の種類の変更の場合、変更届出書を作成する。

- 個人の氏名の変更とは、個人事業主の婚姻、養子縁組等による氏名の変更をいう。

- 申請者欄には、次の事項を記載し、捺印する。
  ①法人の場合
  ・会社の所在地
  ・会社名及び会社印
  ・代表者氏名及び代表者印
  ②個人の場合
  ・営業所の所在地
  ・名称
  ・本人の氏名及び個人印

- 氏名には「ふりがな」を付す。

- 変更年月日は、実際の変更の行われた年月日を記載する。

- 補償業務以外の営業について、新たに営業を開始した場合、すでに届け出ている営業を廃止した場合は、作成する。
  新たな営業種目を届け出る場合、当該営業の内容を的確に表現した名称を記載する。

- 本届出に関する実務担当者の氏名を記載する。

(4) 登録部門に係る補償業務の管理をつかさどる専任の者で補償コンサルタント登録規程第3条第1号イ又はロに該当するもの（総合補償部門の登録を受けようとする場合には、第3条第1号ただし書に該当する者）の氏名の変更の場合

① 変更届出書

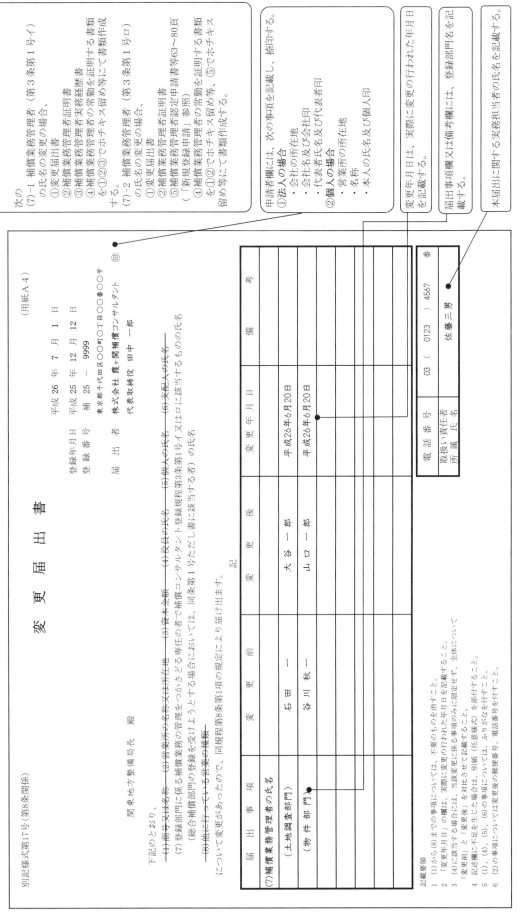

②-1　補償業務管理者証明書［登録規程第３条第１号ロに該当する者の場合］

別記様式第5号(第4条関係)　　　　　　　　　　　　　　　　　　　　　（用紙Ａ４）

補償業務管理者証明書

　下記のとおり、登録を受けようとする登録部門に係る補償業務の管理をつかさどる専任の者で補償コンサルタント登録規程第３条第１号イ又はロに該当するもの（総合補償部門の登録を受けようとする場合においては、同条第１号ただし書に該当する者）を置いていることに相違ありません。

平成 26 年 7 月 1 日

東京都千代田区〇〇町〇丁目〇〇
番〇〇号
申請者　株式会社 霞ヶ関補償コンサルタント　㊞
代表取締役　田中　一郎

関東地方整備局長　殿

記

申請者欄には、次の事項を記載し、捺印する。
①法人の場合
・会社の所在地
・会社名及び会社印
・代表者氏名及び代表者印
②個人の場合
・営業所の所在地
・名称
・本人の氏名及び個人印

登録を受けようとする登録部門	（ふりがな） 補償業務管理者の氏名 （生年月日）	実務経験年数	区 分
土地調査	（おおたにいちろう） 大谷　一郎 （昭和35年8月15日）	年　月	イ (ロ)
土地評価	（やまぐちいちろう） 山口　一郎 （昭和32年2月5日）	年　月	イ (ロ)
物件		年　月	イ ロ
機械工作物		年　月	イ ロ
営業補償・特殊補償		年　月	イ ロ
事業損失		年　月	イ ロ
補償関連		年　月	イ ロ
総合補償		年　月 年　月	イ ロ

区分欄のイ・ロの区分については31頁（「新規登録申請」）を参照のこと

登録規程第３条第１号イに該当する者については、「③補償業務管理者実務経歴書」の実務経験年数欄の合計の年数を記載する。
同号ロに該当する者については、年数を記載せず、空欄とする。

　実務経験の内訳は別表1のとおり。
　指導監督的実務の経験の内訳は別表2のとおり。

記載要領
1　「区分」の欄は、補償コンサルタント登録規程第３条第１号イに該当する者についてはイ、同号ロに該当する者についてはロを〇で囲むこと。ただし、総合補償部門の登録を受けようとする者にあっては、当該登録部門に係る補償業務の管理をつかさどる専任の者で、当該登録部門に係る補償業務に関し７年以上の実務経験を有する者であって補償業務に関し５年以上の指導監督的実務の経験を有するものについてはイ、これと同程度の実務の経験を有するものとして国土交通大臣が認定した者についてはロを〇で囲むこと。
2　総合補償部門の登録を受けようとする者は、実務経験年数及び指導監督的実務の経験年数を記載すること。

②-2　補償業務管理者証明書［登録規程第3条第1号ただし書に該当する者の場合］

別記様式第5号(第4条関係)　　　　　　　　　　　　　　　　　　　　　　(用紙A4)

補償業務管理者証明書

　下記のとおり、登録を受けようとする登録部門に係る補償業務の管理をつかさどる専任の者で補償コンサルタント登録規程第3条第1号イ又はロに該当するもの（総合補償部門の登録を受けようとする場合においては、同条第1号ただし書に該当する者）を置いていることに相違ありません。

平成 26 年 7 月 1 日

東京都千代田区○○町○丁目○○
番○○号

申請者　株式会社 霞ヶ関補償コンサルタント　㊞

代表取締役　田中 一郎

関東地方整備局長　殿

記

> 申請者欄には、次の事項を記載し、捺印する。
> ①法人の場合
> ・会社の所在地
> ・会社名及び会社印
> ・代表者氏名及び代表者印
> ②個人の場合
> ・営業所の所在地
> ・名称
> ・本人の氏名及び個人印

登録を受けようとする登録部門	(ふりがな) 補償業務管理者の氏名 (生年月日)	実務経験年数	区分
土地調査		年　　　月	イ　ロ
土地評価		年　　　月	イ　ロ
物件		年　　　月	イ　ロ
機械工作物		年　　　月	イ　ロ
営業補償・特殊補償		年　　　月	イ　ロ
事業損失		年　　　月	イ　ロ
補償関連		年　　　月	イ　ロ
総合補償	(さとうごろう) 佐藤 五郎 (昭和24年12月15日)	30 年 11 月 10 年　　月	イ　㋹

> 区分欄のイ・ロの区分については31頁（「新規登録申請」）を参照のこと

実務経験の内訳は別表1のとおり。
指導監督的実務の経験の内訳は別表2のとおり。

記載要領
1　「区分」の欄は、補償コンサルタント登録規程第3条第1号イに該当する者についてはイ、同号ロに該当する者についてはロを○で囲むこと。ただし、総合補償部門の登録を受けようとする者にあっては、当該登録部門に係る補償業務の管理をつかさどる専任の者で、当該登録部門に係る補償業務に関し7年以上の実務経験を有する者であって補償業務に関し5年以上の指導監督的実務の経験を有するものについてはイ、これと同程度の実務の経験を有するものとして国土交通大臣が認定したものについてはロを○で囲むこと。
2　総合補償部門の登録を受けようとする者は、実務経験年数及び指導監督的実務の経験年数を記載すること。

③-1 補償業務管理者実務経歴書［登録規程第3条第1号イに該当する者の場合］

本実務経歴書の記載例及び説明書については、32～36頁（「新規登録申請」の補償業務管理者実務経歴）及び120～121頁（「追加登録申請」の補償業務管理者実務経歴書）を参照。

補償業務管理者証明書の区分で「イ」に該当する者」としに本実務経歴書を作成する。「ロ」に該当する者」としは作成する必要はない。

別表1
［土地調査部門］

補償業務管理者実務経歴書

(用紙A4)

補償業務管理者の氏名		住所			
期　間	実務経験年数	実務の経験の内容		契約の相手方の名称	契約金額
		業務の内容	実務経験の内容		
自 平成　年　月 至 平成　年　月	年　月				
自 平成　年　月 至 平成　年　月	年　月				
自 平成　年　月 至 平成　年　月	年　月				
自 平成　年　月 至 平成　年　月	年　月				
自 平成　年　月 至 平成　年　月	年　月				
自 平成　年　月 至 平成　年　月	年　月				
自 平成　年　月 至 平成　年　月	年　月				
合　計	（　年　月） 年　月				

上記の者は、上記のとおり実務の経験を有することに相違ないことを証明します。

平成　年　月　日

証明者　　　　　　　　　　　　　㊞

証明を得ることができない場合	その理由		証明者と被証明者との関係	

記載要領
1　「業務の内容」の欄は、企業名、職名、本人が従事した補償業務について、契約名、規模、本人の業務上の役割等について具体的に記載すること。
2　証明者ごとに作成すること。

③-2 補償業務管理者実務経歴書 [登録規程第3条第1号ただし書イに該当する者の場合]

別表1
[総合補償部門]

補償業務管理者実務経歴書

(用紙A4)

補償業務管理者の氏名　　　　　住所

実務経験年数	期間	実務の内容	経験の内容	契約の相手方の名称	契約金額
年　月	自　年　月 至　年　月				
年　月	自　年　月 至　年　月				
年　月	自　年　月 至　年　月				
年　月	自　年　月 至　年　月				
年　月	自　年　月 至　年　月				
年　月	自　年　月 至　年　月				
年　月	自　年　月 至　年　月				
年　月	自　年　月 至　年　月				
合計					

上記の者は、上記のとおり実務の経験を有することに相違ないことを証明します。
平成　年　月　日
証明者

証明を得ることができない場合	その理由		証明者と被証明者との関係

記載要領
1　「実務の内容」の欄は、企業名、職名、本人が従事した補償業務について、契約名、規模、本人の業務上の役割等について具体的に記載すること。
2　証明者ごとに作成すること。

④ 指導監督的実務経歴書

別表2

(用紙A4)

指 導 監 督 的 実 務 経 歴 書

氏　名			住　所				
期間		指導監督的実務経験年数	業務の内容	指導監督的実務経験の内容			
			業務経験年数	業務経験の内容	業務上の役割	契約の相手方の名称	契約金額
自 平成　年　月 至 平成　年　月		年　月					
自 平成　年　月 至 平成　年　月		年　月					
自 平成　年　月 至 平成　年　月		年　月					
自 平成　年　月 至 平成　年　月		年　月					
自 平成　年　月 至 平成　年　月		年　月					
自 平成　年　月 至 平成　年　月		年　月					
自 平成　年　月 至 平成　年　月		年　月					
合　計		年　月					

上記の者は、上記のとおり指導監督的実務の経験を有することに相違ないことを証明します。

平成 〇〇年 〇月 〇〇日

証明者　　　　　　　　　㊞

証明を得ることができない場合	その理由	証明者と被証明者との関係

記載要領
1　「業務の内容」の欄は、企業名、職名、本人が従事した補償業務について、契約名、登録部門、規模等について具体的に記載すること。
2　「業務上の役割」の欄は、主任担当者等当該補償業務に係る業務上の立場の名称を記載すること。
3　証明者ごとに作成すること。

⑤ 補償業務管理者の常勤を証明する書類

以下の(a)又は(b)の書類等の常勤を証明する書類(写し)を、申請書に綴じ込まないで別途添付する。

(a) 直近の被保険者標準報酬決定通知書及び資格喪失確認通知書（後期高齢者等）（写し）

被保険者標準報酬決定通知書（写し）は、年金事務所等において確認済であることを示す確認印等のあるもの。ただし、確認印等がない場合には、当該頁に確認日が記載されてあるもの。

(b) 交付から1年以内の健康保険被保険者証（写し）、後期高齢者医療被保険者証（後期高齢者等）（写し）

健康保険被保険者証（写し）は、年金事務所等が交付する健康保険被保険者証に記載された交付年月日から申請書提出日までの間が1年以内のものを添付すること。

⑥-1　補償業務管理者認定申請書［登録規程第３条第１号ロに該当する者の場合］

> 登録規程第3条第1号ロに該当する者については63頁（「新規登録申請」）を参照のこと。

別記様式第１号

補償業務管理者認定申請書

補償コンサルタント登録規程に基づく登録を受けるため、下記の者が

［登録規程第３条第１号ただし書
　同規程第３条第１号ロ］

に該当するものであることの認定を受けたいので、申請いたします。

平成 26 年 7 月 1 日

東京都千代田区〇〇町〇丁目〇〇番〇〇号
申請者　株式会社 霞ヶ関補償コンサルタント　㊞
代表取締役　田中　一郎

関東地方整備局長　殿

記

登録を受けようとする登録部門	土地調査部門		
補償業務管理者の氏名	大谷一郎	生年月日	昭和 35 年 8 月 15 日
住　所	〇〇市〇〇町〇丁目〇番〇号		

実務経歴は、別表　　（補償コンサルタント業補償業務管理者認定研修修了者にあっては、同研修修了証書の写）のとおり。

上記の者は別表のとおり実務の経験を有することに相違ありません。

平成 26 年 7 月 1 日

東京都千代田区〇〇町〇丁目〇〇番〇〇号
申請者　株式会社 霞ヶ関補償コンサルタント　㊞
代表取締役　田中　一郎

備考
1　「登録規程第３条第１号ただし書」又は「同規程第３条第１号ロ」は不要なものを消すこと。
2　補償業務全般に関する実務経歴は、別表１に記載して添付すること。
3　起業者である発注者から直接に受託又は請け負った補償業務に関する実務の経験（主任担当者等の立場で業務の管理及び統轄を行った経験を含む。）は、別表２に記載して添付すること。
4　補償業務管理士の資格の登録を受けている者にあっては、同資格証書（補償業務管理士登録証を含む。）の写を添付すること。
5　補償コンサルタント業補償業務管理者認定研修修了者とは、平成４年度から平成２３年度までに同認定研修を修了した者をいう。

⑥-2 補償業務管理者実務経歴書（補償業務経験者）〔登録規程第3条第1号ロに該当する者の場合〕

（国家公務員又は地方公務員等として補償業務全般に関する指導監督的実務の経験3年以上を含む20年以上の実務経験を有する者の場合）

別表1

補償業務管理者実務経歴書
（補償業務経験者）

氏 名		現 住 所			
○○○○		○○市○○町○丁目○番○号			
年月日	所 属	役職名	職務の内容	実務期間	
自S59.5.1 至H2.3.31	建設省○○工事事務所用地第二課		用地補償業務全般	5 年 11 月	
自H2.4.1 至H6.9.30	建設省○○工事事務所用地第一課		用地補償業務全般	4 年 6 月	
自H6.10.1 至H10.3.31	建設省○○工事事務所用地第一課	主任	用地補償業務全般	3 年 6 月	
自H10.4.1 至H14.5.30	建設省○○工事事務所用地第一課	用地係長	用地補償業務全般	4 年 2 月	
自H14.6.1 至H16.3.31	建設省○○工事事務所用地第一課	用地係長	用地補償業務全般	2 年 10 月	
自H16.4.1 至H20.3.31	建設省○○工事事務所用地課	用地係長	用地補償業務全般	4 年 0 月	
自H20.4.1 至H21.3.31	建設省○○工事事務所用地課	○用地官	用地補償業務全般	1 年 0 月	
自H21.4.1 至H24.3.31	建設省○○工事事務所用地第一課	○用地官	用地補償業務全般	3 年 0 月	
自H24.4.1 至H25.3.31	建設省○○工事事務所用地課	○用地課長	用地補償業務全般	1 年 0 月	
自H25.4.1 至H26.3.31	建設省○○工事事務所用地第一課	○用地課長	用地補償業務全般	1 年 0 月	
補償業務実務経験			合 計	30 年 11 月	
			うち指導監督的実務経験	6 年 0 月	

上記の者は、上記のとおり実務経歴の内容に相違ないことを証明する。

平成 00 年 00 月 00 日

国土交通省○○地方整備局長

証明者　□□ □□　　㊞

記載要領
1. 「実務期間」の欄は、補償業務に従事した期間のみ記載すること。
2. 指導監督的実務経験に該当する役職名には○印を付すること。
3. 証明者は、退職時における所属機関の人事担当部局長とすること。
4. 補償業務管理士の資格の登録を受けている者で、20年以上の補償業務実務経験を有する者は、2の○印は不要。
5. 補償業務管理士の資格の登録を受けている者で、指導監督的実務経験を有する者は、該当する役職のうち1つについて記載すること。

（欄外注記）
- 国家公務員又は地方公務員等として補償業務全般に関する指導監督的実務の経験3年以上を含む20年以上の実務経験を有する者が申請する場合、この実務経歴書による。
- 所属が用地課・係以外の場合は、所属ごとに従事した事業名、用地に係わる業務の内容等を具体的に記載する。記載事項が多い場合は、別に説明資料を作成し添付する。
- 補償業務に従事した期間のみを記載する。

⑦-1　補償業務管理者認定申請書［登録規程第3条第1号ただし書に該当する者の場合］

別記様式第1号

補償業務管理者認定申請書

補償コンサルタント登録規程に基づく登録を受けるため、下記の者が

[登録規程第3条第1号ただし書
 同規程第3条第1号ロ]

に該当するものであることの認定を受けたいので、申請いたします。

平成 26 年 7 月 1 日

東京都千代田区〇〇町〇丁目〇〇番〇〇号

申請者　株式会社　霞ヶ関補償コンサルタント　㊞
　　　　代表取締役　田中　一郎

関東地方整備局長　殿

記

登録を受けようとする登録部門	総合補償部門		
補償業務管理者の氏名	佐藤　五郎	生年月日	昭和 24 年 12 月 15 日
住　所	〇〇市〇〇町〇丁目〇番〇号		

　実務経歴は、別表　（補償コンサルタント業補償業務管理者認定研修修了者にあっては、同研修修了証書の写）のとおり。

　上記の者は別表のとおり実務の経験を有することに相違ありません。

平成 26 年 7 月 1 日

東京都千代田区〇〇町〇丁目〇〇番〇〇号

申請者　株式会社　霞ヶ関補償コンサルタント　㊞
　　　　代表取締役　田中　一郎

備考
1　「登録規程第3条第1号ただし書」又は「同規程第3条第1号ロ」は不要なものを消すこと。
2　補償業務全般に関する実務経歴は、別表1に記載して添付すること。
3　起業者である発注者から直接に受託又は請け負った補償業務に関する実務の経験（主任担当者等の立場で業務の管理及び統轄を行った経験を含む。）は、別表2に記載して添付すること。
4　補償業務管理士の資格の登録を受けている者にあっては、同資格証書（補償業務管理士登録証を含む。）の写を添付すること。
5　補償コンサルタント業補償業務管理者認定研修修了者とは、平成4年度から平成23年度までに同認定研修を修了した者をいう。

> 登録規程第3条第1号ただし書に該当する者については65頁（「新規登録申請」）を参照のこと。

⑦-2 補償業務管理者実務経歴書（補償業務経験者）〔登録規程第3条第1号ただし書に該当する者の場合〕

（国家公務員又は地方公務員等として補償業務全般に関する指導監督的実務の経験7年以上を含む20年以上の実務経験を有する者の場合）

別表1

補償業務管理者実務経歴書
（補償業務経験者）

氏　名		現　住　所		
○○○○		○○市○○町○丁目○番○号		
年月日	所　属	役職名	職務の内容	実務期間
自S59.5.1 至H2.3.31	建設省○○工事事務所用地第二課		用地補償業務全般	5年11月
自H2.4.1 至H6.9.30	建設省○○工事事務所用地第一課		用地補償業務全般	4年6月
自H6.10.1 至H10.3.31	建設省○○工事事務所用地第一課	主任	用地補償業務全般	3年6月
自H10.4.1 至H14.5.30	建設省○○工事事務所用地第一課	用地係長	用地補償業務全般	4年2月
自H14.6.1 至H16.3.31	建設省○○工事事務所用地第一課	用地係長	用地補償業務全般	2年10月
自H16.4.1 至H20.3.31	建設省○○工事事務所用地課	○用地官	用地補償業務全般	4年0月
自H20.4.1 至H21.3.31	建設省○○工事事務所用地課	○用地官	用地補償業務全般	1年0月
自H21.4.1 至H24.3.31	建設省○○工事事務所用地第一課	○用地官	用地補償業務全般	3年0月
自H24.4.1 至H25.3.31	建設省○○工事事務所用地課	○用地課長	用地補償業務全般	1年0月
自H25.4.1 至H26.3.31	建設省○○工事事務所用地第一課	○用地課長	用地補償業務全般	1年0月
補償業務実務経験			合　計	30年11月
			うち指導監督的実務経験	10年0月

上記の者は、上記のとおり実務経歴の内容に相違ないことを証明する。

　　　　　　　　　　　　　　　　　　　平成00年00月00日
　　　　　　　　　　　　　　国土交通省○○地方整備局長
　　　　　　　　　　証明者　　　□□　□□　　㊞

記載要領
1. 「実務期間」の欄は、補償業務に従事した期間のみ記載すること。
2. 指導監督的実務経験に該当する役職名には○印を付すること。
3. 証明者は、退職時における所属機関の人事担当部局長とすること。
4. 補償業務管理士の資格の登録を受けている者で、20年以上の補償業務実務経験を有する者は、2の○印は不要。
5. 補償業務管理士の資格の登録を受けている者で、指導監督的実務経験を有する者は、該当する役職のうち1つについて記載すること。

注記：
- 国家公務員又は地方公務員等として補償業務全般に関する指導監督的実務の経験7年以上を含む20年以上の実務経験を有する者が申請する場合、この実務経歴書による。
- 所属が用地課・係以外の場合は、所属ごとに従事した事業名、用地に係わる業務の内容等を具体的に記載する。
記載事項が多い場合は、別に説明資料を作成し添付する。
- 補償業務に従事した期間のみを記載する。

⑧ 補償業務管理者認定研修修了証書等

(補償業務管理士の資格を有する者で、財団法人公共用地補償機構の行う「補償コンサルタント業補償業務管理者認定研修」を修了した者の場合)

① 補償コンサルタント業補償業務管理者認定研修修了証書(写し)
② 補償業務管理士資格証書(補償業務管理士検定試験合格証書)(写し)
③ 補償業務管理士登録証(現に有効なものの写し)

※上記の各書類については、67～69頁(「新規登録申請」の補償業務管理者認定研修を修了した者の場合)を参照。

⑸ 届出書（登録要件を欠くに至った時の届出）

別記様式第3号

届　出　書

平成 00 年 00 月 00 日

関東地方整備局長　殿

　　　　　　　東京都千代田区〇〇町〇丁目〇〇番〇〇号
　届出者　　株式会社　霞ヶ関補償コンサルタント　　㊞
　　　　　　代表取締役　田中　一郎

補償コンサルタント登録規程第8条第3項の規定により下記のとおり届け出ます。

記

1　登録を受けていた補償コン　　株式会社　霞ヶ関補償コンサルタント
　　サルタントの商号又は名称

2　登　録　番　号　　　　　　補　25　第　9999　号

3　登録を受けていた登録部門　　△△△△部門　△△△△部門　△△△△部門　△△△△部門

4　届出の理由　　　　　　　　当社の役員が平成25年12月9日に〇〇裁判所において懲役1
　　　　　　　　　　　　　　　年の刑の言渡しを受け確定したため

(注)「登録を受けていた登録部門」の欄には、届出に係る事項に対応する登録部門を記載すること。

次の場合、**2週間以内**に届出書を提出する。
1　登録を受けた登録部門（一部又は全部）に補償業務管理者が置かれなくなり、これに代わるべき者がなく、登録の要件を充足しない場合
2　登録規程に基づく登録をしない場合に該当することとなった場合
　①成年被後見人若しくは被保佐人又は破産者で復権を得ないもの
　②1年以上の懲役又は禁固の刑に処せられ、その刑の執行を終わり、又は刑の執行を受けることがなくなった日から2年を経過しない者
　③営業に関し成年者と同一の行為能力を有しない未成年者でその法定代理人が①、②又は登録規程により登録を消除され、その消除の日から2年を経過しない者のいずれかに該当するもの、又はその法定代理人が法人で、その役員のうちに④のいずれかに該当する者のあるもの
　④法人でその役員のうちに①、②又は登録規程により登録を消除され、その消除の日から2年を経過しない者のいずれかに該当する者のあるもの
　⑤個人でその支配人のうちに①、②又は登録規程により登録を消除され、その消除の日から2年を経過しない者のいずれかに該当する者のあるもの

届出者欄には、次の事項を記載し、捺印する。
　①法人の場合
　・会社の所在地
　・会社名及び会社印
　・代表者氏名及び代表者印

　②個人の場合
　・営業所の所在地
　・名称
　・本人の氏名及び個人印

届出を受けていた登録部門のうち、届出を必要とする登録部門を記載する。

5
現況報告書

5　現況報告書

必要提出書類（綴じ込み順）

(1)　補償コンサルタント現況報告書……………………………………（様式第16号イ）…………156
(2)　補償業務経歴…………………………………………………………（様式第16号ロ）…………157
(3)　直前1年の事業収入金額……………………………………………（様式第16号ハ）…………159
(4)　使用人数………………………………………………………………（様式第16号ニ）…………160
(5)　財務事項一覧表………………………………………………………（様式第16号ホ）…………161
(6)—①　貸借対照表（法人の場合）……………………………………（様式第8号）……………162
(6)—②　貸借対照表（個人の場合）……………………………………（様式第12号）……………162
(7)—①　損益計算書（法人の場合）……………………………………（様式第9号）……………162
(7)—②　損益計算書（個人の場合）……………………………………（様式第13号）……………162
(8)　完成業務原価報告書 ……………………………………………………………………………162
(9)　株主資本等変動計算書………………………………………………（様式第10号）……………162
(10)　注記表………………………………………………………………（様式第11号）……………162

〈書類の提出について〉

法人の場合は、(1)～(10)（(6)—②及び(7)—②を除く。）の書類を提出する。

個人の場合は、(6)—①、(7)—①、(8)～(10)の書類は不要。

提出は、登録を受けた後、各事業年度（半期決算の法人はそれぞれの決算期）経過後4月以内に行う。

提出部数は**正本1通（写しの返却が必要であれば正本の写しを含め2通）**とし、袋綴じ**（割印）**の上提出する。

なお、手続き終了後2通提出したときは、そのうち1通が提出者宛に返送されるので、**返信用の封筒**（返信用切手貼付、所在地、宛名明記）を同封する。

書類提出先（9頁）参照

現況報告書に必要な提出書類（綴じ込み順）

	提 出 書 類 名	登録規程等に基づく様式名（別記様式）	法人	個人
1	補償コンサルタント現況報告書	第16号イ	○	○
2	補償業務経歴	第16号ロ	○	○
3	直前1年の事業収入金額	第16号ハ	○	○
4	使用人数	第16号ニ	○	○
5	財務事項一覧表	第16号ホ	○	○
6	貸借対照表	第8号	○	
7	損益計算書	第9号	○	
8	完成業務原価報告書		○	
9	株主資本等変動計算書	第10号	○	
10	注記表	第11号	○	
11	貸借対照表	第12号		○
12	損益計算書	第13号		○
13	返信用封筒（返信用切手貼付、所在地、宛名明記）		○	○

注1　表中の○印は届出に必要な書類を表す。
注2　表番号1～12の書類をホチキス留め等にて提出する。

(1) 補償コンサルタント現況報告書

別記様式第16号（第7条関係）

（用紙A4）

補償コンサルタント現況報告書

平成 26 年 7 月 1 日

補償コンサルタント登録規程第7条第1項の規定により、次のとおり報告します。

関東地方整備局長　殿

報告者　東京都千代田区〇〇町〇丁目〇〇番〇〇号
　　　　株式会社 霞ヶ関補償コンサルタント
　　　　代表取締役　田中 一郎　㊞

登録番号	補25 － 9999	登録年月日	平成 25 年 12 月 12 日	当初登録年月日	平成 10 年 12 月 12 日
（ふりがな）商号又は名称	かすみがせきほしょうこんさるたんと 株式会社 霞ヶ関補償コンサルタント			資本金額 （出資総額）	10,000 千円
				創業年月日	昭和 50 年 4 月 1 日

役員（業務を執行する社員、取締役、執行役又はこれらに準ずる者）の氏名及び役職名		営　業　所		
（ふりがな）氏名	役職名	名称	（郵便番号）所在地	（電話番号）
たなか いちろう 田中 一郎	代表取締役	（主たる営業所） 本社	〒000-0000　東京都千代田区〇〇町〇丁目〇〇番〇〇号 TEL03-0123-4567　FAX03-0123-8910	
よしだ じろう 吉田 二郎	取締役			
あおやま かずお 青山 和夫	取締役	（その他の営業所） 大阪支店	〒000-0000　大阪府大阪市中央区△△町△丁目△△番△△号 TEL06-0123-4567　FAX06-0123-8910	
つきやま てるお 月山 照男	取締役			
ふるた かずなり 古田 一成	取締役			

役員の他企業役員との兼務状況	田中一郎　株式会社〇〇計画　取締役
他に行っている営業の種類	測量業　1級建築士事務所

電話番号	03 （ 0123 ） 4567 番
取扱い責任者　所属　氏名	総務課　佐藤　春男

記載要領
1　「資本金額」の欄は、法人である場合に記載すること。
2　「役員の氏名及び役職名」の欄は、個人の場合は、本人及び支配人について記載すること。
3　「営業所」の欄は、本店又は常時補償業務に関する契約を締結している支店若しくは事務所を記載すること。
4　「役員の他企業役員との兼務状況」の欄は、当該役員が他企業の役員を兼務している場合に、その企業名及び役職名を記載すること。

補足説明：

- 提出日は必ず記載する。
- 報告者欄には、次の事項を記載し、捺印する。
  ① 法人の場合
  ・会社の所在地
  ・会社名及び会社印
  ・代表者氏名及び代表者印
  ② 個人の場合
  ・営業所の所在地
  ・名称
  ・本人の氏名及び個人印
- 最初に登録を受けた年月日を記載する。
- 営業所欄は新規の登録申請書及び変更届出書によって届け出たものに基づいて記載する。
- ① 法人の場合
  登記事項証明書に記載されたすべての役員（監査役は除く）を記載する。全員書ききれないときは別紙に記載し、2枚目に綴じ込む。
  ② 個人の場合
  事業主本人及び支配人について記載する。
- 役員の他企業役員との兼務状況欄は新規の登録申請書及び変更届出書によって届け出たものに基づいて記載する。
- 他に行っている営業の種類は新規の登録申請書及び変更届出書によって届け出たものに基づいて記載する。
- 本報告に関する実務担当者の氏名を記載する。

5．現況報告書

(2) 補償業務経歴

補償業務経歴は、登録されている登録部門ごと、直前1年間の主な契約について5件以内を記載する。直前1年間の主な契約とは、直前の事業年度内において締結された主なものをいう。(契約期間が次事業年度に及ぶものも含まれる。)

元請とは、土地収用法その他の法律により土地等を収用し、又は使用することができる事業を行う起業者から直接に業務を受注した場合をいう。

契約金額は、2部門以上一括して受注した場合は、当該登録部門に係る金額を記載する。

(用紙A4)

登録部門	契約の相手方の名称	契約名	業務の内容	元請又は下請の別	契約金額	契約期間
土地調査部門	○○県○○土木事務所	○○川総合治水対策特定河川工事(○○地内)用地調査業務	用地調査	元請	1,000 千円	自25年11月15日 至26年1月25日
	国土交通省○○事務所	一般国道○○号バイパス○○地区用地測量業務	用地調査	元請	600 千円	自25年12月3日 至26年2月20日
	○○県○○土木事務所	県道○○号線○○地区用地調査及び物件調査業務	用地調査	元請	1,300 千円	自26年1月12日 至26年3月20日
					千円	自 年 月 日 至 年 月 日
					千円	自 年 月 日 至 年 月 日
物件部門	○○○機構○○ダム建設所	○○ダム建設に伴う移転等調査業務	建物、工作物調査	元請	2,850 千円	自25年4月10日 至25年7月25日
	○○県○○地方振興局	街路整備工事の内物件調査業務	建物調査	元請	1,500 千円	自25年6月10日 至25年8月20日
	農林水産省○○農業水利事務所	○○ダム建設に伴う移転等調査業務	建物、立木調査	元請	1,100 千円	自25年7月25日 至25年10月20日
					千円	自 年 月 日 至 年 月 日
					千円	自 年 月 日 至 年 月 日
機械工作物部門	○○○機構○○ダム建設所	○○ダム建設に伴うコンクリートプラント施設調査設計積算業務	機械、工作物調査積算	元請	1,200 千円	自25年12月10日 至26年1月20日
	国土交通省○○事務所	○○バイパス建物移転等調査積算業務	機械、工作物調査積算	元請	2,500 千円	自26年1月7日 至26年3月20日
					千円	自 年 月 日 至 年 月 日
					千円	自 年 月 日 至 年 月 日
					千円	自 年 月 日 至 年 月 日
営業補償・特殊補償部門	○○高速道路株式会社○○工事事務所	○○精密自動車道○○地区○○主コンクリート柱工法調査	建物移転営業調査	元請	1,850 千円	自25年11月10日 至26年3月20日
	○○県○○土木事務所	○○地区非木造建物等調査算定(○○林木店 他2件)	建物移転営業調査	元請	1,350 千円	自25年12月12日 至26年3月20日
	○○県○○地方振興局	○○河川改修に伴う漁業補償調査	特殊補償調査	元請	1,500 千円	自26年1月25日 至26年3月20日
					千円	自 年 月 日 至 年 月 日
					千円	自 年 月 日 至 年 月 日

記載要領
1 この表は、現に登録している登録部門ごとに、直前1年間の主な契約について、5件以内記載すること。
2 「元請」とは、補償コンサルタント以外の者から補償業務を受注した場合をいい、「下請」とは、他の補償コンサルタントから受注した場合をいう。

(用紙A4)

補償業務経歴

登録部門	契約の相手方の名称	契約名	業務の内容	元請又は下請の別	契約金額	契約期間
総合補償部門	「実績がないので記載できない」				千円	自 年 月 日 至 年 月 日
					千円	自 年 月 日 至 年 月 日
					千円	自 年 月 日 至 年 月 日
					千円	自 年 月 日 至 年 月 日
					千円	自 年 月 日 至 年 月 日
					千円	自 年 月 日 至 年 月 日
					千円	自 年 月 日 至 年 月 日
					千円	自 年 月 日 至 年 月 日
					千円	自 年 月 日 至 年 月 日
					千円	自 年 月 日 至 年 月 日
					千円	自 年 月 日 至 年 月 日
					千円	自 年 月 日 至 年 月 日
					千円	自 年 月 日 至 年 月 日
					千円	自 年 月 日 至 年 月 日
					千円	自 年 月 日 至 年 月 日

記載要領
1 この表は、現に登録している登録部門ごとに、直前1年間の主な契約について、5件以内記載すること。
2 「元請」とは、補償コンサルタント以外の者から補償業務を受注した場合をいい、「下請」とは、他の補償コンサルタントから受注した場合をいう。

⑶ 直前1年の事業収入金額

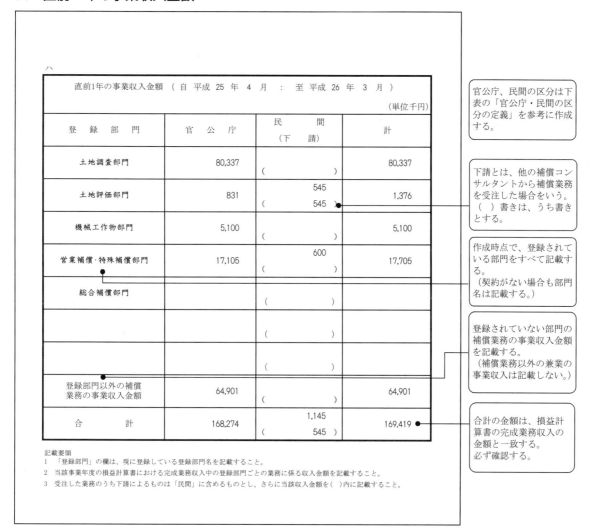

(参考)
補償コンサルタント登録規程に基づき提出する書類中の官公庁・民間の区分の定義

官　公　庁	民　間
① 国 ② 地方公共団体 ③ 独立行政法人（公社等を含む）	官公庁以外の公共事業起業者から直接受託したものを計上する。 （様式上段に記入） ① 鉄道会社 ② 高速道路株式会社 　・東京湾横断道路建設事業者　・首都高速道路株式会社 　・東日本高速道路株式会社　　・中日本高速道路株式会社 　・西日本高速道路株式会社　　・阪神高速道路株式会社 　・本州四国連絡高速道路株式会社 ③ 電力会社 ④ ＮＴＴ各社 ⑤ 空港会社 　・成田国際空港株式会社　・関西国際空港株式会社　等 ⑥ その他の公共事業（収用法適格事業）起業者

⑷ 使用人数

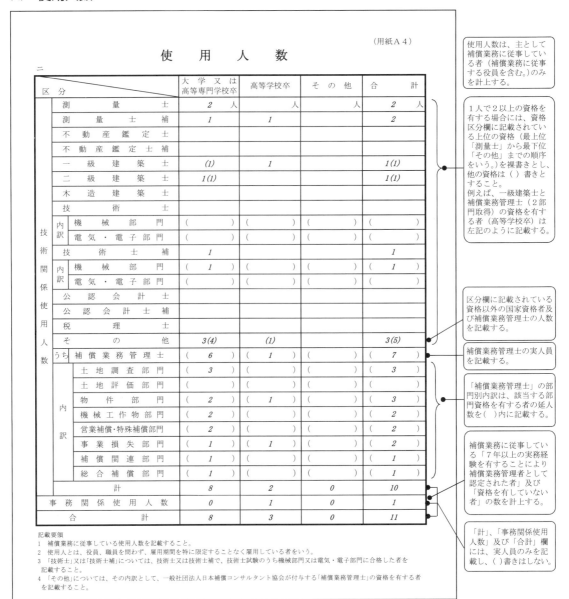

(5) 財務事項一覧表

ホ　　　　　　　　　　　　　　　　　　　　　　　　　　　　　　　　　　　（用紙Ａ４）

財務事項一覧表（直前決算）

（単位 千円）

自己資本額	区　　分	直前決算時	決算後の増減額	合　　計
	株　主　資　本	421,349	0	421,349
	評価・換算差額等			
	新 株 予 約 権			
	計	421,349	0	※　421,349

	事業年度 科　目	自 平成 25 年 4 月 至 平成 26 年 3 月	事業年度 科　目	自 平成 25 年 4 月 至 平成 26 年 3 月
貸借対照表	流　動　資　産	956,119	流　動　負　債	780,880
	有 形 固 定 資 産	273,812	固　定　負　債	198,770
	無 形 固 定 資 産	2,040	負　債　合　計	979,650
	投資その他の資産	155,212	資　本　金	48,000
	繰　延　資　産	13,816	新株式申込証拠金	
			資　本　剰　余　金	16,124
			利　益　剰　余　金	357,525
			自　己　株　式	△　　300
			自己株式申込証拠金	
			その他有価証券評価差額金	
			繰 延 ヘ ッ ジ 損 益	
			土 地 再 評 価 差 額 金	
			新 株 予 約 権	△
			純　資　産　合　計	421,349
	資　産　合　計	1,400,999	負債及び純資産合計	1,400,999
損益計算書	売　　上　　高	1,922,536	営　業　外　収　益	25,589
	（うち完成業務収入）	169,419	営　業　外　費　用	16,437
	売　　上　　原　　価	1,318,272	経常利益（経常損失）	98,563
	（うち完成業務原価）	103,171	特　別　利　益	2,647
	売上総利益（売上総損失）	604,264	特　別　損　失	12,035
	（うち完成業務総利益 （完成業務総損失））	66,248	税引前当期純利益（税引前当期純損失）	89,175
	販売費及び一般管理費	514,853	法人税、住民税及び事業税	45,929
	営業利益（営業損失）	89,411	法 人 税 等 調 整 額	
			当期純利益（当期純損失）	43,246

> 財務事項一覧表は、
> ・貸借対照表
> ・損益計算書
> に記載された金額を転記して作成する。

> 直前決算時の計と純資産合計の金額は一致する。

記載要領
1　直前一年分の決算書等により作成すること。
2　「自己資本額」の欄は、次により記載すること。
　(1)　法人にあつては次によること。
　　①　「株主資本」の欄は、払込済資本金に新株式申込証拠金、資本剰余金、利益剰余金、自己株式申込証拠金を加え、自己株式の額を減じたものとする。
　　②　「評価・換算差額等」の欄は、その他有価証券評価差額金、繰延ヘッジ損益、土地再評価差額金があつた場合はその合計の額を記載すること。
　　③　「新株予約権」の欄は、新株予約権があつた場合はその額を記載すること。
　　④　「決算後の増減額」の欄は、直前決算後現況報告書の作成時期までの間に増減資があつた場合に限り、当該増減資の額を加減するものとする。
　(2)　個人にあつては、※印欄に、純資産合計（期首資本金＋事業主利益＋事業主借勘定－事業主貸勘定）の額を記載すること。
3　法人にあつては、土地再評価差額金、株式等評価差額金がある場合には、「貸借対照表」の欄に当該項目を追加して記載すること。
4　「貸借対照表」の欄の「純資産合計」は、個人にあつては貸借対照表の純資産合計（期首資本金＋事業主利益＋事業主借勘定－事業主貸勘定）の額を記載すること。

貸借対照表・損益計算書・完成業務原価報告書・株主資本等変動計算書・注記表

(6) 貸借対照表

① 法人の場合の記載例及び説明書については、41頁(「新規登録申請」の貸借対照表)を参照。

② 個人の場合の記載例及び説明書については、44頁(「新規登録申請」の貸借対照表)を参照。

(7) 損益計算書

① 法人の場合の記載例及び説明書については、46頁(「新規登録申請」の損益計算書)を参照。

② 個人の場合の記載例及び説明書については、48頁(「新規登録申請」の損益計算書)を参照。

(8) 完成業務原価報告書

記載例及び説明書については、50頁(「新規登録申請」の完成業務原価報告書)を参照。

(9) 株主資本等変動計算書

記載例及び説明書については、51頁(「新規登録申請」の株主資本等変動計算書)を参照。

(10) 注記表

記載例及び説明書については、54頁(「新規登録申請」の注記表)を参照。

6
廃業等の届出

6　廃業等の届出

必要提出書類

届出書（廃業等の届出）………………………………………………（別記様式第4号）………165

> 〈書類の提出について〉
>
> 廃業等の届出書は廃業等の事実が生じた日から30日以内に行う。
>
> 提出部数は**正本1通（写しの返却が必要であれば正本の写しを含め2通）**とする。なお手続き終了後提出者宛に通知書（A4サイズ）及び写しが返送されるので、**返信用の封筒**（返信用切手貼付、所在地、宛名明記）を同封する。
>
> **書類提出先（9頁）参照**

届出書（廃業等の届出）

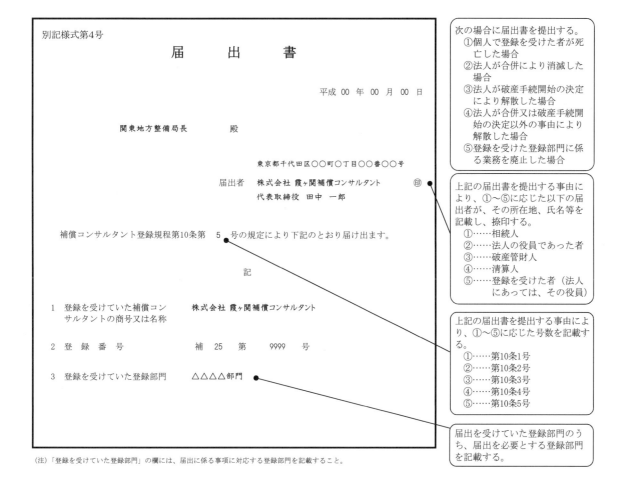

7
登録規程・通知

7　登録規程・通知

○補償コンサルタント登録規程（昭和59年9月21日建設省告示第1341号）……………………………169
　　　　　（最終改正　平成26年4月1日国土交通省告示第461号）
○補償コンサルタント登録規程の制定について
　（昭和59年9月21日建設省経整発第12号）……………………………………………………………176
　　　　　（最終改正　平成6年5月11日建設省経整発第39号）
○補償コンサルタント登録規程の施行及び運用について
　（平成20年10月1日国土用第43号）……………………………………………………………………177
　　　　　（最近改正　平成23年9月21日国土用第12号）

○補償コンサルタント登録規程

昭和59年9月21日
建設省告示第1341号

改正：平成元年4月17日建　設　省告示第1010号
　　　平成6年5月11日建　設　省告示第1369号
　　　平成12年3月31日建　設　省告示第1017号
　　　平成12年12月28日建　設　省告示第2538号
　　　平成15年4月28日国土交通省告示第　458号
　　　平成16年4月14日国土交通省告示第　470号
　　　平成18年3月31日国土交通省告示第　456号
　　　平成19年8月27日国土交通省告示第1141号
　　　平成20年10月1日国土交通省告示第1177号
　　　平成26年4月1日国土交通省告示第　461号

（目的）

第1条　この規程は、補償コンサルタントの登録について必要な事項を定め、その業務の適正を図ることにより、公共事業の円滑な遂行と損失の適正な補償の確保に資することを目的とする。

（登録）

第2条　補償コンサルタント（公共事業に必要な土地等の取得若しくは使用又はこれに伴う損失の補償又はこれらに関連する業務（以下「補償業務」という。）の受託又は請負を行う者をいう。以下同じ。）のうち、別表に掲げる登録部門に係る補償業務を行う者は、この規程の定めるところにより、国土交通省に備える補償コンサルタント登録簿（以下「登録簿」という。）に登録を受けることができる。

2　前項の登録の有効期間は、5年とする。

3　第1項の登録の有効期間満了の後引き続き当該登録部門に係る補償業務を行う者は、登録の更新を受けることができる。

（登録の要件）

第3条　登録を受けようとする者（前条第3項の規定により登録の更新を受けようとする者を含む。以下同じ。）は、次の各号に該当する者でなければならない。

一　登録を受けようとする登録部門ごとに当該登録部門に係る補償業務の管理をつかさどる専任の者で次のいずれかに該当する者を置く者であること。ただし、総合補償部門の登録を受けようとする者にあっては、当該部門に係る補償業務の管理をつかさどる専任の者は、イに該当する者であって補償業務に関し5年以上の指導監督的実務の経験を有するもの、又はこれと同程度の実務の経験を有するものとして国土交通大臣が認定した者でなければならない。

　イ　当該登録部門に係る補償業務に関し7年以上の実務の経験を有する者

　ロ　国土交通大臣がイに掲げる者と同程度の実務の経験を有するものと認定した者

二　補償業務に関する契約を履行するに足りる財産的基礎又は金銭的信用を有しないことが明らかな者でないこと。

三　法人である場合においては当該法人及びその役員が、個人である場合においてはその者及び当該個人の支配人が、補償業務に関する契約に関して不正又は不誠実な行為をするおそれが明

らかな者でないこと。

（登録の申請）

第4条 登録を受けようとする者は、国土交通大臣に、次に掲げる事項を記載した登録申請書（別記様式第1号）を提出するものとする。

一　商号又は名称

二　営業所（本店又は常時補償業務に関する契約を締結する支店若しくは事務所をいう。）の名称及び所在地

三　法人である場合においてはその資本金額（出資総額を含む。）及び役員の氏名、個人である場合においてはその氏名及び支配人があるときはその者の氏名

四　登録を受けようとする登録部門及び当該登録部門に係る補償業務の管理をつかさどる専任の者で前条第1号イ又はロに該当するもの（総合補償部門の登録を受けようとする場合においては、前条第1号ただし書に該当する者）の氏名

五　他に営業を行つている場合においては、その営業の種類

2　前項の規定による登録申請書の提出は、登録の更新を受けようとする者にあつては、登録の有効期間の満了の日の90日前から30日前までの間に行うものとする。

3　第1項の登録申請書には、次に掲げる書類（登録の更新を受けようとする者にあつては、第4号から第6号まで、第9号から第11号までに掲げる書類）を添付するものとする。

一　補償業務経歴書（別記様式第2号）

二　直前3年の各事業年度における事業収入金額（他に事業を行つている場合においては、当該事業に係る収入金額を除く。）を記載した書面（別記様式第3号）

三　使用人数を記載した書面（別記様式第4号）

四　前条第1号に規定する要件を備えていることを証する書面（別記様式第5号）

五　登録を受けようとする者（法人である場合においては当該法人及びその役員、個人である場合においてはその者及び支配人）及び法定代理人（法人である場合においては、当該法人及びその役員）が第6条第1項各号のいずれにも該当しない者であることを誓約する書面（別記様式第6号）

六　登録を受けようとする者（法人である場合においてはその役員、個人である場合においてはその者及びその支配人）及び法定代理人（営業に関し成年者と同一の行為能力を有しない未成年者であつて、その法定代理人が法人である場合においては、その役員）の略歴書（別記様式第7号）

七　法人である場合においては、直前1年の各事業年度の貸借対照表、損益計算書、株主資本等変動計算書及び注記表（別記様式第8号から第11号まで）

八　個人である場合においては、直前1年の各事業年度の貸借対照表及び損益計算書（別記様式第12号及び第13号）

九　商業登記がなされている場合においては、登記事項証明書

十　個人である場合（第6号の未成年者であつて、その法定代理人が法人である場合に限る。）においては、その法定代理人の登記事項証明書

十一　営業の沿革を記載した書面（別記様式第14号）

十二　補償コンサルタントの組織する団体に所属する場合においては、当該団体の名称及び当該

団体に所属した年月日を記載した書面（別記様式第15号）
4　登録を受けようとする者は、関係書類正本1通を提出するものとする。
（登録の実施）

第5条　国土交通大臣は、前条の規定による登録の申請があつた場合においては、次条第1項の規定により登録をしない場合を除くほか、遅滞なく、前条第1項各号に掲げる事項並びに登録年月日及び登録番号を登録簿に登録するものとする。

2　国土交通大臣は、前項の規定による登録をした場合においては、遅滞なく、その旨を当該申請者に通知するものとする。

（登録をしない場合）

第6条　国土交通大臣は、第4条の規定による登録の申請があつた場合において、登録を受けようとする者が次の各号のいずれか（登録の更新を受けようとする者にあつては、第1号、第3号又は第5号から第7号までのいずれかに該当するとき、又は登録申請書若しくはその添付書類中に重要な事項についての虚偽の記載があり、若しくは重要な事実の記載が欠けているときは、その登録をしないものとする。

一　成年被後見人若しくは被補佐人又は破産者で復権を得ないもの
二　第12条第1項第4号、第8号、第10号又は第11号に該当することにより登録を消除され、その消除の日から2年を経過しない者
三　1年以上の懲役又は禁固の刑に処せられ、その刑の執行を終わり、又は刑の執行を受けることがなくなつた日から2年を経過しない者
四　第11条第1項の規定により登録を停止され、その停止の期間が経過しない者
五　営業に関し成年者と同一の行為能力を有しない未成年者でその法定代理人が前各号又は次号（法人でその役員のうちに第1号から第3号までのいずれかに該当する者のあるものに係る部分に限る。）のいずれかに該当するもの
六　法人でその役員のうちに第1号から第3号までのいずれかに該当する者（第2号に該当する者については、その者が第12条第1項の規定により登録を消除される以前から当該法人の役員であつた者を除く。）のあるもの
七　個人でその支配人のうちに第1号から第3号までのいずれかに該当する者（第2号に該当する者については、その者が第12条第1項の規定により登録を消除される以前から当該個人の支配人であつた者を除く。）のあるもの

2　国土交通大臣は、前項の規定により登録をしない場合においては、遅滞なく、理由を付してその旨を当該申請をした者に通知するものとする。

（現況報告書等の提出）

第7条　登録を受けた者（第2条第3項の規定により登録の更新を受けた者を含む。以下同じ。）は、毎事業年度経過後4月以内に、現況報告書（別記様式第16号）及び第4条第3項第7号又は第8号の書類を国土交通大臣に提出するものとする。

2　第4条第4項の規定は、前項の書類の提出について準用する。

（変更等の届出）

第8条　登録を受けた者は、第4条第1項各号に掲げる事項について変更があつた場合においては、30日以内に、その旨の変更届出書（別記様式第17号）及びその変更が次に掲げるものである

ときは当該各号に掲げる書類を国土交通大臣に提出するものとする。
　一　第4条第1項第1号から第3号までに掲げる事項の変更（商業登記の変更を必要とする場合に限る。）　当該変更に係る登記事項を記載した登記事項証明書
　二　第4条第1項第3号に掲げる事項のうち役員又は支配人の新任に係る変更　当該役員又は支配人に係る第4条第3項第5号及び第6号に掲げる書類
　三　第4条第1項第4号に掲げる事項のうち登録部門に係る補償業務の管理をつかさどる専任の者で第3条第1号イ又はロに該当するもの（総合補償部門の登録を受けようとする場合においては、前条第1号ただし書に該当する者に係る変更　当該変更に係る第4条第3項第4号に掲げる書面

2　第3条（第2号を除く。）の規定は前項の変更届出書を提出しようとする者について、第4条第4項の規定は前項の変更届出書又は同項各号の書類の提出について、第5条第1項及び第6条の規定は前項の変更届出書の提出があつた場合について準用する。

3　登録を受けた者は、第3条第1号に規定する要件を欠くに至つたとき、又は第6条第1項第1号、第3号若しくは第5号から第7号までの規定に該当するに至つたときは、2週間以内に、その旨を書面で国土交通大臣に届け出るものとする。

　（登録部門の追加）
第9条　登録を受けた者が他の登録部門について登録の追加を受けようとするときは、国土交通大臣に、登録追加申請書（別記様式第18号）を提出するものとする。

2　前項の登録追加申請書には、当該登録の追加を受けようとする登録部門に関する第4条第3項第1号、第2号及び第4号に掲げる書類を添付するものとする。

3　第3条（第2号及び第3号を除く。）の規定は第1項の登録の追加を受けようとする者について、第4条第4項の規定は第1項の登録追加申請書及び前項の書類の提出について、第5条及び第6条の規定は第1項の登録追加申請書の提出があつた場合について準用する。

　（廃業等の届出）
第10条　登録を受けた者が、次の各号のいずれかに該当することとなつた場合においては、当該各号に掲げる者は、30日以内に国土交通大臣にその旨を届け出るものとする。
　一　死亡したときは、その相続人
　二　法人が合併により消滅したときは、その役員であつた者
　三　法人が破産手続開始の決定により解散したときは、その破産管財人
　四　法人が合併又は破産手続開始の決定以外の事由により解散したときは、その清算人
　五　登録を受けた登録部門に係る業務を廃止したときは、当該登録を受けた者（法人にあつては、その役員）

　（登録の停止等）
第11条　国土交通大臣は、登録を受けた者がその業務に関し不誠実な行為をした場合には、1年以内の期間を定めて、その登録の全部又は一部を停止することができるものとする。

2　国土交通大臣は、前項の規定により登録を停止した場合には、登録簿に当該停止の事実及びその理由を明示するものとする。

3　第1項の規定により登録を停止された者は、停止の期間中は、登録を受けていることを表示してはならないものとする。

4　第6条第2項の規定は、第1項の規定により登録の全部又は一部を停止した場合について準用する。

（登録の消除）

第12条　国土交通大臣は、次の各号のいずれかに掲げる場合には、当該登録を受けた者の登録の全部又は一部を消除するものとする。

一　第10条の規定による届出があつたとき。

二　前号の届出がなくて第10条各号のいずれかに該当する事実が判明したとき。

三　登録の有効期間満了の際、登録の更新の申請がなかつたとき。

四　偽りその他不正の手段により登録を受けたことが判明したとき。

五　第8条第3項の規定による届出があつたとき。

六　前号の届出がなくて第3条第1号に規定する要件を欠くに至つたことが判明したとき。

七　第5号の届出がなくて第6条第1項第1号、第3号又は第5号から第7号までの規定に該当するに至つたことが判明したとき。

八　登録を受けた者（法人である場合においては当該法人又はその役員、個人である場合においては当該個人又はその支配人）がその業務に関し不誠実な行為をし、情状が特に重いとき。

九　正当な理由がなくて第7条第1項の現況報告書又は第8条第1項の変更届出書の提出を怠つたとき。

十　第7条第1項の現況報告書中に重要な事項についての虚偽の記載があることが判明したとき。

十一　前条第3項の規定に違反したとき。

2　第6条第2項の規定は、前項の規定により登録の全部又は一部を消除した場合について準用する。

（弁明の聴取）

第13条　国土交通大臣は、第11条第1項の規定による登録の停止又は前条第1項の規定による消除をしようとするときは、弁明の聴取を行うものとする。ただし、消除事由が、前条第1項第1号から第3号まで及び同項第5号から第7号までの各号のいずれかに該当する場合であつて、それらの事実が届出その他の客観的な資料により直接証明されたときは、弁明の聴取を行わないものとする。

2　前項による弁明の聴取を行う場合にあつては、行政手続法（平成5年法律第88号）第3章第2節の規定に準じて行うものとする。

（登録簿の閲覧等）

第14条　国土交通大臣は、登録簿並びに第4条第3項、第7条第1項及び第8条第1項に規定する書類又はこれらの写しを公衆の閲覧に供するものとする。

2　国、地方公共団体その他の者は、補償業務の発注に関し必要がある場合においては、第7条第1項の現況報告書の写しを国土交通大臣に求めることができる。

（権限の委任）

第15条　この告示に規定する国土交通大臣の権限は、登録を受けようとする者又は登録を受けた者の本店の所在地を管轄する地方整備局長及び北海道開発局長に委任する。

附　則

（施行期日）

　　この規程は、昭和59年10月1日から施行する。

　　　　附　則（平成元年4月17日建設省告示第1010号）

　　この告示は、公布の日から施行する。

　　　　附　則（平成6年5月11日建設省告示第1369号）

　　この告示は、公布の日から起算して3月を経過した日から施行する。

　　　　附　則（平成12年3月31日建設省告示第1017号）

　　（施行期日）

第1条　この規程は、平成12年4月1日から施行する。

　　（経過措置）

第2条　民法の一部を改正する法律（平成11年法律第149号）附則第3条第3項の規定により従前の例によることとされる準禁治産者に関するこの規程による改正規定の適用については、なお従前の例による。

　　　　附　則（平成12年12月28日建設省告示第2538号）

　　この告示は、内閣法の一部を改正する法律（平成11年法律第88号）の施行の日（平成13年1月6日）から施行する。

　　　　附　則（平成15年4月28日国土交通省告示第458号）

　　この告示は公布の日から施行する。

　　　　附　則（平成16年4月14日国土交通省告示第470号）

1　この告示は、公布の日から施行する。

2　この告示による改正後の告示の規定は、平成16年3月31日以後に終了する事業年度に係る書類について適用し、同日前に終了した事業年度に係るものについては、なお従前の例による。

　　　　附　則（平成19年8月27日国土交通省告示第1141号）

1　この告示は、公布の日から施行する。

2　この告示による改正後の告示の規定のうち別記様式各号に掲げる書類であつてこの告示の施行後最初に到来する決算期以前の事業年度に係るものについては、なお従前の例によることができる。

3　この告示による改正前の補償コンサルタント登録規程第13条から第16条までの規定による手続については、平成19年9月30日までは、なお従前の例によることができる。

　　　　附　則（平成20年10月1日国土交通省告示第1177号）

　　この告示は、公布の日から施行する。

　　　　附　則（平成26年4月1日国土交通省告示第461号）

　　（施行期日）

1　この告示は、平成26年5月1日から施行する。

　　（経過措置）

2　この告示による改正後の補償コンサルタント登録規程別記様式第8号から第11号までは、平成25年5月1日以後に開始した事業年度に係る決算期に関して作成すべき書類について適用し、同日前に開始した事業年度に係る決算期に関して作成すべき書類については、なお従前の例によることができる。

別表（第2条関係）

登録部門
土地調査部門
土地評価部門
物件部門
機械工作物部門
営業補償・特殊補償部門
事業損失部門
補償関連部門
総合補償部門

◯補償コンサルタント登録規程の制定について

昭和59年9月21日
建設省経整発第12号

建設省建設経済局長から地方建設局長、北海道開発局長、沖縄総合事務局長、建設省関係公団総裁・理事長、都道府県知事、政令指定市長、関係各省庁、公団、公社あて通知

最終改正:平成6年5月11日建設省経整発第39号

　補償コンサルタント登録規程は、この規程の定める登録要件に該当する補償業務に関し、専門的な知識、技術及び技能並びに経営基礎を有する補償コンサルタントについて、建設省に備える登録簿に登録することにより、個々の補償コンサルタントの業務内容を公示し、これらの補償コンサルタントを利用する依頼者の便宜に供するとともに、併せて公共事業の円滑な遂行と損失の適正な補償の確保及び補償コンサルタントの発展助長に資するため、今般新たに昭和59年9月21日建設省告示第1341号により告示し、同年10月1日から施行されることとした。

　この規程の主要点は、別紙のとおりであり、その具体的な運用基準については、告示後速やかに別途運用通達により示すことになるが、貴職におかれても同規程の趣旨に従い、所管の補償業務の発注に当たっては、下記事項に留意し、同規程の運用に特段の御協力をいただくようお願いする。
［なお、この旨貴管下市（指定市を除く。）町村長に対しても周知されたい。］

記

1　補償コンサルタント規程は、上記のような趣旨のもとに、個々の補償コンサルタントの業務内容を公示し、これらの補償コンサルタントを利用する依頼者の便宜に供することを目的とするものであるので、この規程に定める補償業務の発注にあたっては、極力本登録制度の活用を図ること。
2　国、地方公共団体等の競争参加資格の審査の際、この規程による登録済みであることの確認及び各補償コンサルタントの業務内容等の確認には、建設大臣から各補償コンサルタントあて送付された登録等に関する通知書又は各補償コンサルタントの希望により確認を行った現況報告書若しくは変更届出書の写しを活用すること。

（別紙省略）
（注）［　］書は、都道府県知事あてのものである。

◯補償コンサルタント登録規程の施行及び運用について

[平成20年10月1日]
[国 土 用 第43号]

国土交通省土地・水資源局総務課長から各地方整備局用地部長、北海道開発局開発監理部長、沖縄総合事務局開発建設部長、各都道府県用地担当部長、各指定都市用地担当局長、（社）日本補償コンサルタント協会会長あて通知

　補償コンサルタント登録規程（昭和59年9月21日建設省告示第1341号）の一部改正については、既に土地・水資源局長から通知（平成20年10月1日付け国土用第42号）されているところであるが、本改正に伴い補償コンサルタント登録規程の解釈及び運用の方針については、下記のとおりとする。

　なお、本通知は、平成20年10月1日から適用することとし、その適用をもって「補償コンサルタント登録規程の施行及び運用について」（平成19年8月27日付け国土用第7号）は廃止する。
［おって、貴管下市（指定市を除く。）町村長に対してもこの旨周知されたい。］

記

　　　　最近改正　平成23年9月21日国土用第12号

　補償コンサルタント登録規程の施行及び運用について（平成20年10月1日国土用第43号）を別添のとおり改正したので通知する。

　なお、本通知は、通知の日から施行することとし、社団法人日本補償コンサルタント協会が付与する補償業務管理士の資格の登録を受けている者で、平成23年度までに財団法人公共用地補償機構の行う「補償コンサルタント業補償業務管理者認定研修」を修了した者は、本通知施行後においても、改正後の記2(4)及び(5)の「その他これに準ずる者」として取り扱うこととするので、適切に運用されたい。

1．登録部門関係（第2条第1項）

　　登録部門は補償コンサルタント登録規程（以下「登録規程」という。）の別表に掲げられているところであるが、それぞれの登録部門に係る補償業務の内容はおおむね別紙のとおりである。

　　なお、土地調査部門及び土地評価部門に係る補償業務には、それぞれ測量法（昭和24年法律188号）第3条に規定する測量及び不動産の鑑定評価に関する法律（昭和38年法律152号）第2条第1項に規定する不動産の鑑定評価は含まれていない。

2．登録の要件関係（第3条）

(1)　登録規程第3条に掲げる「補償業務の管理をつかさどる専任の者」（以下「補償業務管理者」という。）とは、常勤（休日その他勤務を要しない日を除き、毎日所定の時間中勤務することをいう。）で、かつ、専ら当該登録部門に係る補償業務の管理を行う者をいう。したがって、二以上の登録部門にわたって補償業務管理者となることは認められない。

(2)　登録規程第3条第1号ただし書に定める「補償業務に関し5年以上の指導監督的実務の経験」の期間の算定は、登録部門に関わらず起業者である発注者から直接に受託又は請け負った補償業務について、その契約期間のうち直接従事した期間を個別に積み上げて行うものとする。したがって、契約の期間が重複する場合は直接従事した期間をもって実務の経験の期間を

算定するものとする。

　　この場合において、1年は12ヶ月、365日として算定する。

　　なお、「指導監督的実務の経験」とは、起業者である発注者から直接に受託又は請け負った補償業務の履行に関し、主任担当者等の立場で業務の管理及び統轄を行った経験をいう。

(3) 登録規程第3条第1号イに定める「7年以上の実務の経験」の期間の算定は、当該登録部門に係る起業者である発注者から直接に受託又は請け負った補償業務について、(2)と同様の算定により行うものとする。

(4) 国土交通大臣が行う登録規程第3条第1号ただし書に定める「これと同程度の実務の経験を有するもの」の認定は、補償業務全般に関する指導監督的実務の経験7年以上を含む20年以上の実務の経験を有する者その他これに準ずる者について行うものとする。

　　なお、「指導監督的実務の経験」とは、国家公務員にあっては人事院規則9―8（初任給、昇格、昇級等の基準）別表第一に定める級別標準職務表のうちイ行政職俸給表㈠級別標準職務表に定める10級から4級までの級に相応する標準的な職務のうち管理的職務又はこれに準ずる職務に従事したことのある経験をいい、地方公務員等にあってはこれに相当する職務に従事したことのある経験をいう。

(5) 国土交通大臣が行う登録規程第3条第1号ロの規定に定める「イに掲げる者と同程度の実務の経験を有するもの」の認定は、補償業務全般に関する指導監督的実務の経験3年以上を含む20年以上の実務の経験を有する者その他これに準ずる者について行うものとする。

　　なお、「指導監督的実務の経験」とは、(4)のなお書と同様の経験をいう。

(6) (4)及び(5)の「その他これに準ずる者」とは、社団法人日本補償コンサルタント協会が付与する補償業務管理士の資格として、

　　イ．(4)にあっては、総合補償部門

　　ロ．(5)にあっては、総合補償部門以外の各部門

の登録を受けている者で、登録部門に関わらず起業者である発注者から直接に受託若しくは請け負った補償業務に関し(2)と同様の算定による7年以上の実務の経験を有する者、補償業務全般に関し20年以上の実務の経験を有する者又は(2)若しくは(4)の指導監督的実務の経験を有する者をいう。

(7) (4)から(6)までの認定については、次に掲げるところにより行うものとする。

　　イ．本認定の申請は、登録規程に基づく登録を受けようとする補償コンサルタントが登録の申請、登録事項の変更の届出又は登録部門の追加の申請と併せて行うものとする。

　　ロ．本認定を受けようとする者は、補償業務管理者認定申請書（別記様式第1号）を提出するものとする。

　　ハ．本認定は、当該認定に係る補償業務管理者が当該認定を受けた補償コンサルタントを退職した場合等においては、その効力を失う。

(8) 登録規程第3条第2号に定める「財産的基礎又は金銭的信用を有しないことが明らかな者でないこと」とは、原則として以下の基準を満たす者であることをいうものとする。

　　・法人である場合

　　　　資本金500万円以上でかつ自己資本の額（貸借対照表における純資産合計の額をいう。以下同じ。）が1,000万円以上を満たす者であること。

・個人である場合

　　　自己資本の額が1,000万円以上を満たす者であること。
3．添付書類

　　登録規程第4条第1項の規定に基づく登録の申請、第8条第1項の規定に基づく変更等の届出（同項第3号に掲げる変更に限る。）又は第9条第1項の規定に基づく登録部門の追加の申請に当たっては、それぞれ登録規程第4条第3項、第8条第1項第3号下欄又は第9条第2項に定める添付書類等のほか、必要に応じ、補償業務管理者が当該申請等に係る補償コンサルタントに常勤していることを証する書類として、補償業務管理者の健康保険被保険者証又は標準報酬月額決定通知書の写しを求めることとする。
4．審査関係

　　登録規程に基づく登録の申請等に係る審査は、原則として、書面審査により行うものとする。
5．登録の通知等

(1) 登録等に関する通知について

　　登録規程に規定する通知のほか、第4条第1項の規定に基づく登録の申請又は第9条第1項の規定に基づく登録部門の追加の申請に対しては、登録後登録に関する通知を別記様式第2号により通知するものとする。

(2) 現況報告書及び変更届出書の確認・返却

　　登録規程第7条第1項の規定に基づく現況報告書又は同登録規程第8条第1項の規定に基づく変更届出書の提出の際、正本の写しを補償コンサルタントが添付してきた場合については、その内容を確認後、返却することとする。

(3) 登録要件を満たさなくなった場合等の届出について

　　登録規程第8条第3項に該当し2週間以内に国土交通大臣にその旨を届け出る場合には別記様式第3号によるものとする。

(4) 廃業等の届出について

　　登録規程第10条に該当し30日以内に国土交通大臣にその旨を届け出る場合には別記様式第4号によるものとする。

(5) 登録の停止の通知について

　　登録の全部又は一部を停止した場合の登録規程第11条第4項において準用する登録規程第6条第2項に基づく通知は、別記様式第5号によるものとする。

(6) 登録の消除の通知について

　　登録の全部又は一部を消除した場合の登録規程第12条第2項において準用する登録規程第6条第2項に基づく通知は、別記様式第6号によるものとする。

※ [ ] 書は、都道府県用地担当部長あてのものである。

(別　紙)

各登録部門に係る補償業務の内容

1　土地調査部門

　　土地の権利者の氏名及び住所、土地の所在、地番、地目及び面積並びに権利の種類及び内容に

関する調査並びに土地境界確認等の業務
2 土地評価部門
 (1) 土地の評価のための同一状況地域の区分及び土地に関する補償金算定業務又は空間若しくは地下使用に関する補償金算定業務
 (2) 残地等に関する損失の補償に関する調査及び補償金算定業務
3 物件部門
 (1) 木造建物、一般工作物、立木又は通常生ずる損失に関する調査及び補償金算定業務
 (2) 木造若しくは非木造建築物で複雑な構造を有する特殊建築物又はこれらに類する物件に関する調査及び補償金算定業務
4 機械工作物部門
 機械工作物に関する調査及び補償金算定業務
5 営業補償・特殊補償部門
 (1) 営業補償に関する調査及び補償金算定業務
 (2) 漁業権等の消滅又は制限に関する調査及び補償金算定業務
6 事業損失部門
 事業損失（注）に関する調査及び費用負担の算定業務
 （注） 事業損失とは、事業施行中又は事業施行後における日陰等により生ずる損害等をいう。
7 補償関連部門
 (1) 意向調査（注1）、生活再建調査（注2）その他これらに関する調査業務
 (2) 補償説明及び地方公共団体等との補償に関する連絡調整業務
 (3) 事業認定申請図書等の作成（注3）業務
 （注1） 意向調査とは、事業に対する地域住民の意向に関する調査をいう。
 （注2） 生活再建調査とは、公共事業の施行に伴い講じられる生活再建のための措置に関する調査をいう。
 （注3） 事業認定申請図書等の作成とは、起業者が事業認定庁に対する事前相談を行うための相談用資料（事業認定申請図書（案））の作成、事業認定庁との事前相談の完了に伴う本申請図書等の作成及び裁決申請図書作成等をいう。
8 総合補償部門
 (1) 公共用地取得計画図書の作成業務
 (2) 公共用地取得に関する工程管理業務
 (3) 補償に関する相談業務
 (4) 関係住民等に対する補償方針に関する説明業務
 (5) 公共用地交渉業務（注）
 （注） 公共用地交渉業務とは、関係権利者の特定、補償額算定書の照合及び交渉方針の策定等を行った上で、権利者と面接し、補償内容の説明等を行い、公共事業に必要な土地の取得等に対する協力を求める業務をいう。

別記様式第1号　　　　　　　　　　　　　　　　　　　　　　　　　　　（用紙Ａ４）

補償業務管理者認定申請書

補償コンサルタント登録規程に基づく登録を受けるため、下記の者が

　　⎡ 登録規程第3条第1号ただし書 ⎤
　　⎣ 同規程第3条第1号ロ　　　　 ⎦

に該当するものであることの認定を受けたいので、申請いたします。

　　　　　　　　　　　　　　　　　　　　　平成　　　年　　　月　　　日

　　　　　　　　　　　　　　　　　申請者　　　　　　　　　　㊞

　　　殿

　　　　　　　　　　　　記

登録を受けようとする登録部門	
補償業務管理者の氏名	生年月日　　年　　月　　日
住所	

　実務経歴は、別表　　（補償コンサルタント業補償業務管理者認定研修修了者にあっては、同研修修了証書の写）のとおり。

　上記の者は別表　　のとおり実務の経験を有することに相違ありません。

　　　　　　　　　　　　　　　　　　　平成　　　年　　　月　　　日

　　　　　　　　　　　　　　　　申請者　　　　　　　　　　　㊞

備考
1　「登録規程第3条第1号ただし書」又は「同規程第3条第1号ロ」は不要なものを消すこと。
2　補償業務全般に関する実務経歴は、別表1に記載して添付すること。
3　起業者である発注者から直接に受託又は請け負った補償業務に関する実務の経験（主任担当者等の立場で業務の管理及び統轄を行った経験を含む。）は、別表2に記載して添付すること。
4　補償業務管理士の資格の登録を受けている者にあっては、同資格証書（補償業務管理士登録証を含む。）の写を添付すること。
5　補償コンサルタント業補償業務管理者認定研修修了者とは、平成4年度から平成23年度までに同認定研修を修了した者をいう。

別表1　　　　　　　　　　　　　　　　　　　　　　　　　　　　　　　　　（用紙Ａ４）

補償業務管理者実務経歴書
（補償業務経験者）

氏　　名	現　　住　　所			
年月日	所　属	役職名	職務の内容	実務期間
	補償業務実務経験	合　　計		年　　　月
		うち指導監督的実務経験		年　　　月
上記の者は、上記のとおり実務経歴の内容に相違ないことを証明する。 　　　　　　　　　　　　　　　　　　　　平成　　年　　月　　日 　　　　　　　　　　　　　　　　証明者　　　　　　　　　　　㊞				

記載要領
1. 「実務期間」の欄は、補償業務に従事した期間のみ記載すること。
2. 指導監督的実務経験に該当する役職名には〇印を付すること。
3. 証明者は、退職時における所属機関の人事担当部局長とすること。
4. 補償業務管理士の資格の登録を受けている者で、２０年以上の補償業務実務経験を有する者は、２の〇印は不要。
5. 補償業務管理士の資格の登録を受けている者で、指導監督的実務経験を有する者は、該当する役職のうち１つについて記載すること。

別表2　　　　　　　　　　　　　　　　　　　　　　　　　　　　　　　（用紙A4）

補償業務管理者実務経歴書
（受託（請負）による補償業務経験者）

氏名			現住所		
期　　間		実務経験年数	実　務　経　験　の　内　容		
			業務の内容（業務上の役割）	契約の相手方	契約金額
自　　年　　月 至　　年　　月		年　　月			
自　　年　　月 至　　年　　月		年　　月			
自　　年　　月 至　　年　　月		年　　月			
自　　年　　月 至　　年　　月		年　　月			
自　　年　　月 至　　年　　月		年　　月			
自　　年　　月 至　　年　　月		年　　月			
自　　年　　月 至　　年　　月		年　　月			
合　　　計		年　　月			

上記の者は、上記のとおり実務の経験を有することに相違ないことを証明します。

　　　　　　　　　　　　　　　　　　　　　　　　　平成　　　年　　　月　　　日

　　　　　　　　　　　　　　　　　　　　証明者
　　　　　　　　　　　　　　　　　　　　　　　　　　　　　　　　　　　　　　㊞

証明を得ること ができない場合	その理由		証明者と被証明者 との関係	

記載要領
1　「業務の内容」の欄は、企業名、職名、本人が従事した補償業務について、契約名、規模、本人の業務上の役割等について具体的に記載すること。
2　主任担当者等の立場で業務の管理及び統轄を行った経験を記載する場合は、業務上の役割として当該業務上の立場の名称を記載するものとし、補償業務管理士となった前後、登録部門の別、業務の期間の長短、契約金額の多寡は問わないが、当該業務のすべての期間において主任担当者等として補償業務の履行をつかさどった業務1件について記載すること。
3　証明者が複数ある場合は、証明者ごとに作成すること。

改訂3版　補償コンサルタント登録申請の手引き

2008年4月15日　第1版第1刷発行
2009年7月11日　第2版第1刷発行
2015年1月22日　第3版第1刷発行

編　著　補償コンサルタント登録制度研究会

発行者　松　林　久　行

発行所　株式会社 大成出版社
東京都世田谷区羽根木 1 — 7 — 11
〒156-0042　電話 03（3321）4131（代）
http://www.taisei-shuppan.co.jp/

Ⓒ2015　補償コンサルタント登録制度研究会（検印省略）　印刷　信教印刷
落丁・乱丁はお取り替えいたします。

ISBN978-4-8028-3188-8

関連図書　好評発売中

営業補償習得のための関係者必携の実務書!

〔改訂4版〕
明解 営業補償の理論と実務
編著■用地補償実務研究会

営業補償理解の早道は、基本補償パターンを覚えること。本書は、営業補償の類型に応じた具体的な手順を理解することにより営業補償の基本的な処理方法を理解し、次に業種に応じた補償事例を整理することにより、実務に応用し得るよう参考として典型事例を掲げている。

A5判・定価本体5,400円(税別)・図書コード3144

用地補償の実務に即した関係者必携!

〔2015年版〕
必携 用地補償実務便覧
編集■(一財)公共用地補償機構

補償基準細則ほか最新の関係法令等を登載し、厳選した日常の用地取得業務に必須の基準等を網羅した最新の便覧です。補償業務のハンドブックとしても活用できます。便覧とダイアリーが一体となっていますので実務手帳としても便利です。

B6判・定価本体1,900円(税別)・図書コード3177
ビニール上製美装

「公共用地の取得に伴う損失補償基準」の
意図や運用をQ&Aで解説

〔新訂〕
公共用地の取得に伴う
損失補償基準の考え方322問
著■大久保幸雄

補償基準を各条ごとに「細則」「Q&A」を配した構成で、当該条文に関係のある事項を「コラム」風に登載し、「用語の説明」「参考図書」も登載した解説書。

A5判・定価本体4,800円(税別)・図書コード3119　上製

昭和50年代以降の収用裁決例のうちから
308件を事案ごとに分類し編集!

〔増補版〕
損失補償関係裁決例集
編集■公共用地補償研究会

起業者、土地所有者、関係人間で、又は土地所有者、関係人相互間で争点となった事案ごとに分類し、〔裁決〕〔起業者申立て〕〔土地所有者申立て〕〔関係人申立て〕の構成で新たに平成16・17年度の裁決例54件を追加登載。

A5判・定価本体7,400円(税別)・図書コード2947
上製函入

複雑な区分関係の補償内容を
より深く理解するために!

区分所有建物敷地の取得・
区分地上権の設定・残地
工事費等の補償
―解説と運用―
編集■公共用地補償研究会

「公共用地の取得に伴う損失補償規準細則」の「別記2 土地利用制限率算定要領」、「別記3 区分所有建物敷地取得補償実施要領」、「別記4 残地工事費補償実施要領」を対象として、学識経験者や補償実務者で構成された研究委員会が調査・研究を行い、得られた知見等を参考にそれぞれの解説と運用試案をまとめた1冊。

A5判・定価本体4,500円(税別)・図書コード2755

公共用地補償実務者のための必読書!

公共用地の取得に伴う
損失補償基準要綱の解説
編著■公共用地補償研究会

近年の補償基準等の改正の状況や補償の考え方について説明を加え、判例や裁決例を登載した唯一の解説書。

A5判・定価本体3,600円(税別)・図書コード3115

公共用地補償実務者のための必読書!

公共補償基準要綱の解説
編著■公共用地補償研究会

公共施設等に対する補償は一般的に公共補償といわれ「公共事業の施行に伴う公共補償基準要綱」と「公共補償基準要綱の運用申し合わせ」に基づき実施されており、本書はその内容を解説した唯一の書。

A5判・定価本体3,300円(税別)・図書コード3114

新規、更新、変更、財務の報告等業登録の
申請手続がこの1冊でよくわかる!!

〔改訂7版〕
測量業者登録申請の手引き
編著■建設関連業振興研究会

測量法・令・規則に基づき、各登録申請書類の記載要領について記載例を掲げてわかりやすく紹介。最新の計算書類等の改正内容に完全対応。

A4判・定価本体2,500円(税別)・図書コード9358

株式会社 大成出版社　http://www.taisei-shuppan.co.jp/
TEL.03(3321)4131　FAX.03(3325)1888